UNITÉ 0 ~ En route pour l'aventure

2 Où est-ce qu'ils veulent partir en voyage ?

a.  Écoute et écris le bon numéro sur chaque photo.

b.  Relie.

1. Julie et Pierre veulent partir au •   • les châteaux de la Loire
2. Avec leur famille, Léna et Tom veulent visiter •   • le désert
3. Sara et sa copine veulent aller à •   • New York
4. Charlotte veut aller dans •   • Canada

3  Mots mêlés ! Entoure dans la grille les six formes du verbe *vouloir*, puis complète.

V	E	U	X	V
O	V	P	O	E
U	O	V	R	U
L	U	E	V	L
O	L	U	E	E
N	E	X	U	N
S	Z	A	T	T

1. Je *veux* **aller** au bord de l'océan.
2. Les deux filles .... **partir** aux États-Unis.
3. Qu'est-ce que Lila .... **visiter**, un château ou un zoo ?
4. Nous .... **faire** une promenade dans le désert, à dos de chameau.
5. Est-ce que tu .... **voyager** en train ou en avion ?
6. Vous .... **aller** en Afrique en hélicoptère ?!

Pour t'aider
Petit memento de grammaire à la fin de ton cahier d'activités.

LEÇON 2 — J'APPRENDS AVEC FÉLIX

1 Qui dit quoi ? Lis chaque phrase et écris-la dans le bon tableau.

a.

- Qui veut écrire la date ?
- Vous formez des petits groupes de trois !
- Tu me prêtes ta colle s'il te plaît ?
- Vous pouvez répéter s'il vous plaît ?
- Est-ce que je peux aller aux toilettes s'il vous plaît ?
- C'est super !
- C'est juste !
- C'est faux !
- Je vais vous aider !
- Qui veut commencer ?
- Est-ce que je peux aller au tableau ?

Attention ! Tu peux écrire quelques phrases dans les deux tableaux !

Le professeur

Les élèves

b.  Écris dans ces 2 tableaux d'autres phrases que tu entends ou utilises dans ta classe de français.

Méthode de français

3
A2.1

Cahier d'activités

Hélène Vanthier

LEÇON 1 — ON PART EN VOYAGE ?

1  Pour commencer ton nouveau cahier d'activités, complète ta fiche d'identité.

Mon nom : ....

Mon prénom : ....

Mon âge : ....

Le jour de mon anniversaire : ....

Le pays où je vis : ....

La ville (le village) où j'habite : ....

Mon adresse : ....

Le nom de mon école : ....

Ma classe : ....

Ma matière préférée à l'école : ....

Mon animal préféré : ....

Mon loisir préféré : ....

Mon personnage préféré dans Zigzag : ....

ma photo

UNITÉ 0 En route pour l'aventure

c.   **Mots mêlés ! Entoure dans la grille les six formes du verbe *pouvoir*, puis complète.**

P	E	U	T	P
O	U	P	V	E
U	P	O	P	U
V	E	U	E	V
O	U	V	U	E
N	X	E	X	N
S	A	Z	O	T

1. Est-ce qu'on ……………… **regarder** la télévision ?
2. Maman, je ……………… **jouer** à l'ordinateur ?
3. Oui mon chéri, tu ……………… **jouer** à l'ordinateur.
4. Vous ……………… **venir** chez moi samedi ? Je fais une fête pour mon anniversaire !
5. Ces enfants ne ……………… pas **porter** ce sac, il est trop lourd !
6. Si tu veux, nous ……………… **jouer** avec toi.

2 Interviewe tes nouveaux camarades de classe !

> **Pour t'aider**
> Petit memento de grammaire
> à la fin de ton cahier d'activités.

a.  **Observe la grille et prépare ton interview.**

1. Comment ………………………………
2. ………………………………
3. ………………………………
4. ………………………………
5. ………………………………
6. ………………………………

b. **Interviewe 3 camarades. Écris leurs réponses dans la grille.**

① Prénom	② Âge	③ Adresse	④ Anniversaire	⑤ Matière préférée à l'école	⑥ Sport préféré
………	………	………	………	………	………
………	………	………	………	………	………
………	………	………	………	………	………

c.  **Présente un des camarades interviewés à ta classe.**

> Sarah a 9 ans. Elle habite 6 rue ………… Son anniversaire, c'est le ………………

LEÇON 1 — BIENVENUE À SAINT-MALO !

1  Écoute le programme du *Club des petits corsaires*. Numérote les activités dans l'ordre.

 n°...
 n°...
 n°...
 n°...
 n°...
 n°...

2  Le programme de la journée est dans le désordre ! Réécris-le dans l'ordre.

Mardi 10 août

- pique-nique sur la plage
- concours de châteaux de sable
- goûter à la crêperie du port
- leçon de planche à voile
- balade à vélo sur les remparts
- visite de l'aquarium

Mardi 10 août — CLUB DES PETITS CORSAIRES

9h00 : ....
10h00 : ....
12h00 : ....
14h00 : ....
15h00 : ....
16h00 : ....

UNITÉ 1 ~ Ohé... Les pirates arrivent !

3 Le labyrinthe des pirates.

 Dessine le chemin pour trouver le trésor.

Pour trouver le trésor des pirates,
1. Prends le chemin à gauche et va jusqu'à la petite maison verte.
2. Après la maison, tourne à droite.
3. Passe le long de la plage des requins, puis tourne à gauche avant la cascade.
4. Continue jusqu'au pont sur la rivière aux crocodiles.
5. Passe à côté du volcan, puis prends le chemin à gauche.
6. Continue jusqu'à la maison en haut de la montagne. Le trésor est caché dans la maison !

4  **Pirates et corsaires. Relie.**

Pour t'aider, lis à nouveau le petit texte de l'activité 4 (sur ton livre).

① Les pirates   •
② Les corsaires •

• traversent les mers sur des bateaux.
• cachent leur trésor sur une île déserte.
• attaquent les bateaux.
• travaillent pour le roi.

5  **Félix écrit sur son blog. Complète son texte avec :**

mange – sommes – peut – est – font – fait – adorent

Salut les amis,
Nous .... en Bretagne, à Saint-Malo. C'est la ville des pirates et des corsaires. Sur le port, on .... visiter le bateau de Surcouf. C'est un corsaire très célèbre. Il .... né à Saint-Malo.
À Saint-Malo, il y a beaucoup de crêperies. C'est super ! Je .... des crêpes tous les jours. Bouba et Lila .... de la planche à voile ; elles .... ça ! Pic Pic .... de magnifiques châteaux de sable, un vrai champion !
La Bretagne, c'est génial ! À bientôt !
Félix

LEÇON 2 — À L'ABORDAGE !

1 Marine, Sam, Willy ou Rebecca ?

a.  Écoute la description de chaque pirate. Écris le bon prénom sous chaque portrait.

| 1 | 2 | 3 | 4 |

....

b. Qui est-ce ? Complète avec le bon prénom.

1. Elle est très courageuse et n'a peur de rien ! Elle a toujours son sabre à la main. C'est ....

2. Elle adore les bijoux. Elle est bavarde et joyeuse... mais un peu paresseuse ! C'est ....

3. Il est méchant et cruel. Il a toujours un sabre à la main. On l'appelle « Le Borgne ». C'est ....

4. Il est gentil, mais pas très courageux. Il est aussi très gourmand ! C'est ....

2 Quel est son caractère ? Relie.

1. Elle n'est pas gentille. Elle est...   • peureux
2. Il n'a peur de rien. Il est très...   • bavard
3. Il a peur de tout. Il est...   • paresseux
4. Il adore son hamac et n'aime pas travailler. Il est un peu...   • méchante
5. Il parle beaucoup. Il est...   • courageux
6. Elle ne parle pas beaucoup parce qu'elle est...   • timide

3 Masculin et féminin. Observe et complète le tableau.

👨	....	....	gourmand	peureux	....	....
👩	bavarde	courageuse	....	....	méchante	paresseuse

UNITÉ 1 Ohé... Les pirates arrivent !

4 Range chaque objet dans la bonne pièce du bateau.

la cuisine

....
....
....

la cabine du capitaine

....
....
....

le dortoir

....
....
....

la réserve

....
....
....

un hamac
un lit
du jambon
une casserole
des armes
une voile
de l'eau
des fruits et des légumes
un globe terrestre
un coffre au trésor
de la poudre à canon

5 Dessine ton portrait « pirate » et écris un petit texte pour te présenter et te décrire (ton nom de pirate, ton physique, tes vêtements, ton caractère...).

....
....
....
....
....
....
....
....
....
....
....
....

6 Présente ton portrait à tes camarades.

LEÇON 3 — QUAND JE SERAI GRAND, JE SERAI PIRATE !

1 Quels sont les métiers des parents de Hugo, Luisa, Sofia et Jules ? Écoute et relie.

Hugo
Luisa
Sofia
Jules

2 Où est-ce qu'ils travaillent ? Écris le numéro du bon métier sur chaque photo.

1. un médecin
2. un cuisinier
3. un boulanger
4. un photographe
5. un pharmacien
6. un professeur

 n°…
 n°…
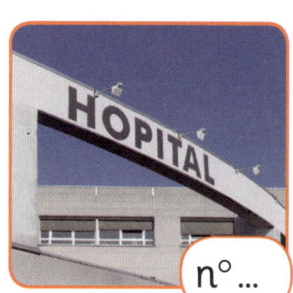 n°…
 n°…
 n°…
 n°…

UNITÉ **1** Ohé... Les pirates arrivent !

3 **Quand nous serons grands... Relie les morceaux de puzzle deux par deux.**

Quand je serai grande, je... — sera capitaine et traversera les mers.
Quand tu seras grand, tu... — dormirons dans un hamac sous les étoiles.
Quand Tilou sera grand, il... — feront le tour du monde.
Quand nous habiterons sur l'île des pirates, nous... — chanterai à la télévision.
Quand vous serez en vacances, vous... — auras une grosse moto.
Quand Manon et Léo seront grands, ils... — ferez de la planche à voile.

4 **Observe et complète.**

Quand je serai grand, je ....

Quand je serai grand, j' .... et je ....

Quand je serai grande, je .... et j' ....

5 **Et toi, qu'est-ce que tu feras quand tu seras grand(e) ? Poste un message sur le blog de Félix.**

Salut Félix,
Quand je serai grand(e), je ....
....
....

JE LIS, JE COMPRENDS

1  **Observe la couverture du livre.
À ton avis, quel est le titre de ce livre ?**

☐ *C'est la rentrée*

☐ *Un pirate à l'école*

☐ *L'île au trésor*

2    **Écoute et lis le texte.**

Chapitre 1 : Le nouveau maître

Aujourd'hui, c'est la rentrée. Dans la cour, il ne reste plus que les élèves de CE1. La directrice leur dit :
– Installez-vous sagement en classe. Votre nouveau maître va arriver.
Les CE1 montent dans leur classe. Maintenant ils attendent, ils attendent longtemps. C'est difficile d'être sage quand le maître n'est pas là : Louis cherche la bagarre avec Samir. Soudain une grosse voix résonne dans le couloir :
– Sacrebleu de corne bidouille ! Faites silence gamins !

Tous foncent sur leurs chaises. Un drôle de bruit se rapproche :
– Chlaac toc, Chlaac toc…
Nina dit tout bas à Léo :
– Qu'est-ce que c'est ?
– On dirait quelqu'un qui marche avec…
Léo n'a pas le temps de terminer sa phrase.
Le maître entre dans la classe. Il a une béquille et une jambe de bois. Il porte un grand chapeau, une veste trouée avec de gros boutons dorés.
Un bandeau noir cache son œil.

Un pirate à l'école, C. Palluy, Bayard Jeunesse

UNITÉ 1 Ohé… Les pirates arrivent !

3 As-tu bien compris ?

a. Entoure la bonne réponse.

1. L'histoire se passe dans une école, le jour de la rentrée.   vrai   faux
2. Les élèves sont dans la classe de CP (première classe).   vrai   faux
3. Le maître est en retard.   vrai   faux
4. Le nouveau maître est un pirate.   vrai   faux

b. Mots fléchés ! Complète la grille avec des mots du texte.

1. ↓ Elle dirige une école primaire.
2. ↓ Il est professeur dans une école primaire.
3. ↓ C'est là où se passe l'histoire.
4. → C'est le premier jour de classe, le début de l'année scolaire.
5. → Elle fait un bruit bizarre (chlaac toc, chlaac toc), mais ce n'est pas une jambe de bois.
6. → C'est l'ami fidèle du pirate.

LEÇON 1 — UNE VISITE CHEZ LE ROI

1  **Complète les informations de l'audioguide avec les mots suivants :**

chambre – tours – fenêtres – immense – cheminées – sangliers – étages – château

1. Vous avez devant vous le château de Chambord avec ses nombreuses ……………… . Le château est ……………… .

2. Le roi François 1ᵉʳ a fait construire ce ……………… en 1519.

3. Voici le grand escalier. Il conduit aux ……………… et aux terrasses du château.

4. Voici la ……………… du roi. Il y a de grands rideaux autour du lit.

5. Vous arrivez maintenant sur les terrasses. Vous pouvez admirer le toit du château avec ses ……………… et ses ……………… .

6. Depuis la terrasse, vous avez une belle vue sur le parc du château. Dans le parc, il y a beaucoup de lapins et de ……………… .

2 Nombres mêlés !

a.  **Entoure les nombres dans la grille (→ ou ↓).**

1. Quatre cent vingt-sept
2. Mille huit cents
3. Mille huit cent vingt-neuf
4. Huit mille cinq cent quatre-vingt-quatorze
5. Deux mille neuf cent quatre-vingt-un

1	8	0	0
8	5	9	4
2	9	8	1
9	4	2	7

b.  **Joue avec ton voisin ou ta voisine !**

L'un indique un nombre, l'autre entoure le nombre dans la grille.

4	3	0	8
9	1	3	6
2	8	5	4
3	9	2	4

UNITÉ 2 ~ La vie de château !

3 🎧 ✏️ **La vie de François 1er en quelques dates. Écoute et complète.**

....	Naissance de François Ier
....	François Ier, roi de France
1519	Construction du château de Chambord
....	Mort de François Ier

4 Quel labyrinthe ! Trouve où va Léo.

a. 🎧 ✏️ Écoute et trace les 3 chemins.

– Chemin n° **1** : en rouge – Chemin n° **2** : en bleu – Chemin n° **3** : en jaune.

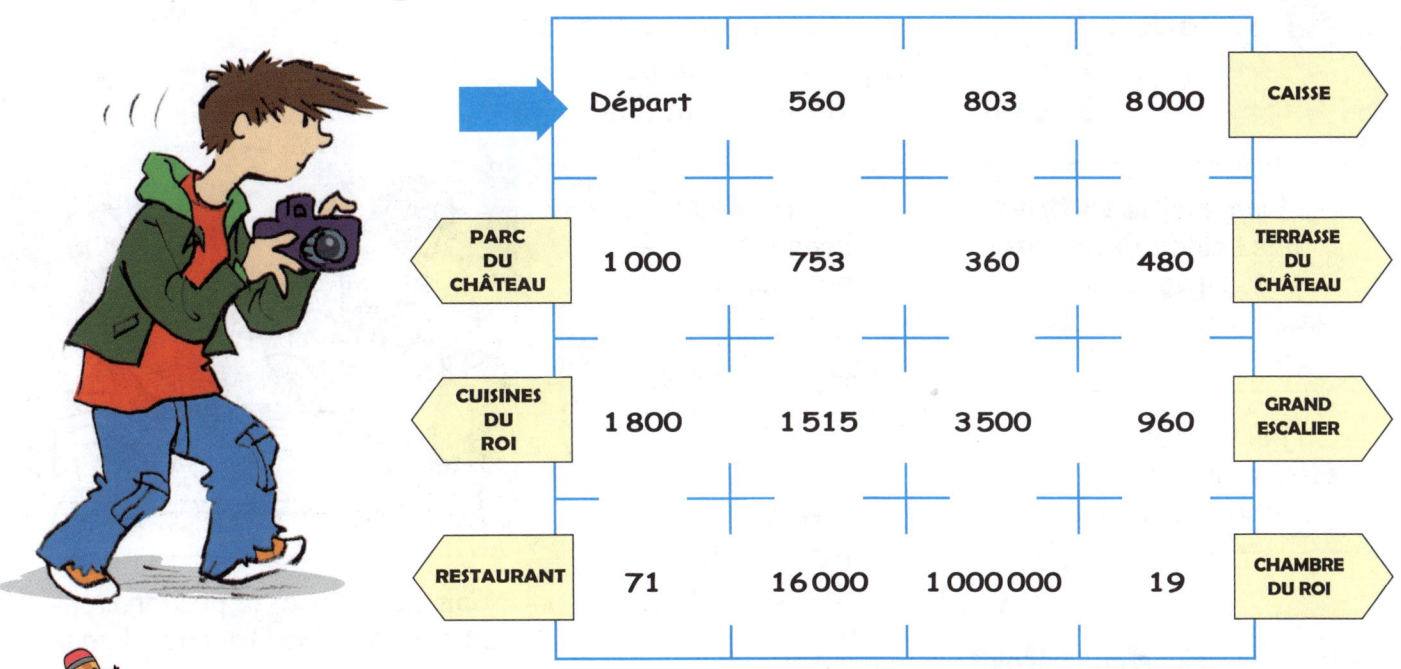

b. ✏️ **Complète.** (N'oublie pas les petits mots dans, sur, à.)

Chemin n° **1** : Léo va .... Chemin n° **2** : Léo va ....
Chemin n° **3** : Léo va ....

c. Passe à l'action ! Joue avec ton voisin ou ta voisine.
L'un(e) indique un nouveau chemin. L'autre écoute, dessine le chemin et dit où va Léo.

LEÇON 2 — À TABLE !

1  Écoute les commandes. Écris le bon numéro de table sous chaque plateau.

Table n°

Table n°

Table n°

Table n°

2 Qui dit quoi ?

a.  Colorie : 1. en **jaune** les paroles de la serveuse
2. en **vert** les paroles du papa
3. en **bleu** les paroles de la fille

- Non, moi je voudrais une salade de tomates s'il vous plaît.
- Et moi, des spaghettis bolognaise.
- Bonjour ! Qu'est-ce que vous prendrez ?
- Oh oui ! Comme dessert, une glace au chocolat !
- Après, je prendrai un steack frites. Et toi, Nina ?
- Comme entrée, je prendrai une quiche lorraine. Toi aussi Nina ?
- Alors, une glace au chocolat pour Nina et une tarte aux pommes pour moi !
- Bien, des spaghettis bolognaise... Vous prendrez un dessert ?

b.  Numérote le dialogue dans l'ordre, puis écoute pour vérifier.

UNITÉ 2 La vie de château !

3 Paul met le couvert, mais… il fait quelques erreurs !

a.   Lis le message, observe la table et fais une croix sur les erreurs.

Coucou Paul,
Nous avons des invités ce soir (Lucie, Thomas et Enzo). Je vais rentrer tard du bureau.
Est-ce que tu peux mettre le couvert ?
Prends la nappe rose dans l'armoire du salon.
Mets les assiettes carrées blanches et les verres à pied. (Nous serons 5.)
N'oublie pas : pose la fourchette à gauche de l'assiette, la cuillère et le couteau à droite.
Mets la cuillère à dessert en haut de l'assiette.
Pense aux serviettes. Elles sont sur la table de la cuisine.
(S'il te plaît, ne laisse pas ton ordi sur la table et range tes jeux vidéo !)
Merci ! Gros bisous, à ce soir,
Maman

b. Note les erreurs de Paul.

1. Sur la table, il n'y a pas de ....
2. ....
3. ....
4. ....
5. ....
6. ....
7. ....
8. ....

4  Observe le dessin et note 10 mots où tu entends [wa] comme dans 👑.

1. ....
2. ....
3. ....
4. ....
5. ....
6. ....
7. ....
8. ....
9. ....
10. ....

LEÇON 3 — EST-CE QUE TU AS BIEN DORMI ?

1 La journée de Mattéo.

a. 🎧 ✏️ Écoute et numérote dans l'ordre.

b. Qu'est-ce que Mattéo a fait aujourd'hui ? Raconte sa journée.

> Il a dormi jusqu'à ....

2 🎧 ✏️ Écoute et souligne la phrase que tu entends.

1. a. J'ai visité un château.
   b. Je visite un château.
2. a. J'ai mangé un gâteau au chocolat.
   b. Je mange un gâteau au chocolat.
3. a. J'ai téléphoné à Mamie.
   b. Je téléphone à Mamie.
4. a. J'ai joué avec Sofia à la récré.
   b. Je joue avec Sofia à la récré.

3 ✏️ Relie pour former des phrases.

- Tu • • ont dormi sur le pont du bateau.
- Les pirates • • a traversé le parc à cheval.
- J' • • avez compris la question ?
- Nous • • as fait tes devoirs ?
- Le roi • • ai rencontré Paul et sa maman dans la rue.
- Vous • • avons mangé des crêpes à la confiture.

UNITÉ 2 La vie de château !

4  **Complète le message de Félix.** À quel temps vas-tu utiliser les verbes suivants ?

faire (x2) – rencontrer – visiter – acheter – dîner – survoler

Salut !

Nous sommes en vacances à Chambord.

Avant-hier, à notre arrivée, nous .... le château de François 1ᵉʳ.

Après la visite du château, Bouba .... des fruits, du pain et du fromage et nous .... un pique-nique dans la forêt.

Hier après-midi, Lila, Bouba et moi, nous .... une grande balade à vélo dans le parc du château. (On .... une famille de lapins et un sanglier !)

Le soir, nous .... au restaurant et après nous .... le parc en hélicoptère. Trop génial !

Félix

5 **Bataille navale du passé composé !** Le premier qui trouve les 5 bateaux de son voisin a gagné.

a. Ta grille : dessine 5 bateaux.

Bataille navale !	visiter le château	faire du vélo	mettre un pull
Je			
Tu			
Il/elle			
Nous			
Vous			
Ils/elles			

Nous avons fait du vélo.

Coulé !

b. La grille de ton voisin : conjugue et trouve ses 5 bateaux.

Bataille navale !	visiter le château	faire du vélo	mettre un pull
Je			
Tu			
Il/elle			
Nous			
Vous			
Ils/elles			

JE DÉCOUVRE LE MONDE

1 Le sais-tu ? Dans quel pays est-ce qu'il y a :
– un roi ou une reine ? – un(e) président(e) ?

Coche les cases du tableau, puis compare avec ton voisin ou ta voisine.

	un roi / une reine	un(e) président(e)
🇬🇧 En Angleterre		
🇧🇪 En Belgique		
🇧🇷 Au Brésil		
🇮🇹 En Italie		
🇺🇸 Aux États-Unis		
🇫🇷 En France		
🇪🇸 En Espagne		
🇨🇳 En Chine		
☐ Dans mon pays		

DES LETTRES ET DES MOTS

2 Au château.

a.  Écoute et écris les mots épelés.

1. la _ _ _ _ _
2. la _ _ _ _ _ _ _ _
3. le _ _ _
4. la _ _ _ _ _ _
5. la _ _ _ _ _ _ _ _
6. la _ _ _ _ _

b.  Relie chaque mot à la bonne lettre du dessin.

JE LIS, JE COMPRENDS

UNITÉ 2 La vie de château !

Les p'tits docs du Club Zigzag

La vie de château !

La famille Chapuis habite dans un château. Elle a ouvert sa porte aux reporters du Club Zigzag.

Club Zigzag : Vous habitez depuis longtemps dans ce château ?

Monsieur Chapuis : Nous habitons ici depuis onze ans.

Nos deux enfants sont nés ici. Clémence a aujourd'hui 10 ans et Thibault 8 ans.

Club Zigzag : Vous avez fait beaucoup de travaux dans le château ?

Madame Chapuis : Oui, beaucoup…, le château est immense ! Nous avons réparé le toit. Nous avons installé l'eau, l'électricité et le chauffage. Maintenant, on a chaud en hiver. Il y a de l'eau chaude dans la cuisine et les salles de bain et il y a même Internet pour nos ordinateurs !

Club Zigzag : Clémence et Thibault, c'est comment pour des enfants d'habiter dans un château ?

Clémence : C'est génial ! On joue aux chevaliers dans le parc et on se déguise avec des vieux vêtements dans le grenier. Quand on joue à cache-cache dans les pièces du château, on trouve toujours des cachettes secrètes !

1  **Lis ce reportage du Club Zigzag. As-tu bien compris ?**

a.  **Complète le tableau avec les bonnes informations.**

Qui habite dans ce château ? Depuis quand ?	....
Qu'est-ce que tu apprends sur ce château ? Donne 3 informations.	....
Qu'est-ce que les enfants aiment faire au château ?	....

b.  **Note 4 mots que tu as découverts dans ce texte.**

....

21

LEÇON 1 — EN DIRECT DU PARC ZOOLOGIQUE

1 Les photos zoom de Félix !

a. Écoute le reportage de Félix et numérote les photos dans l'ordre.

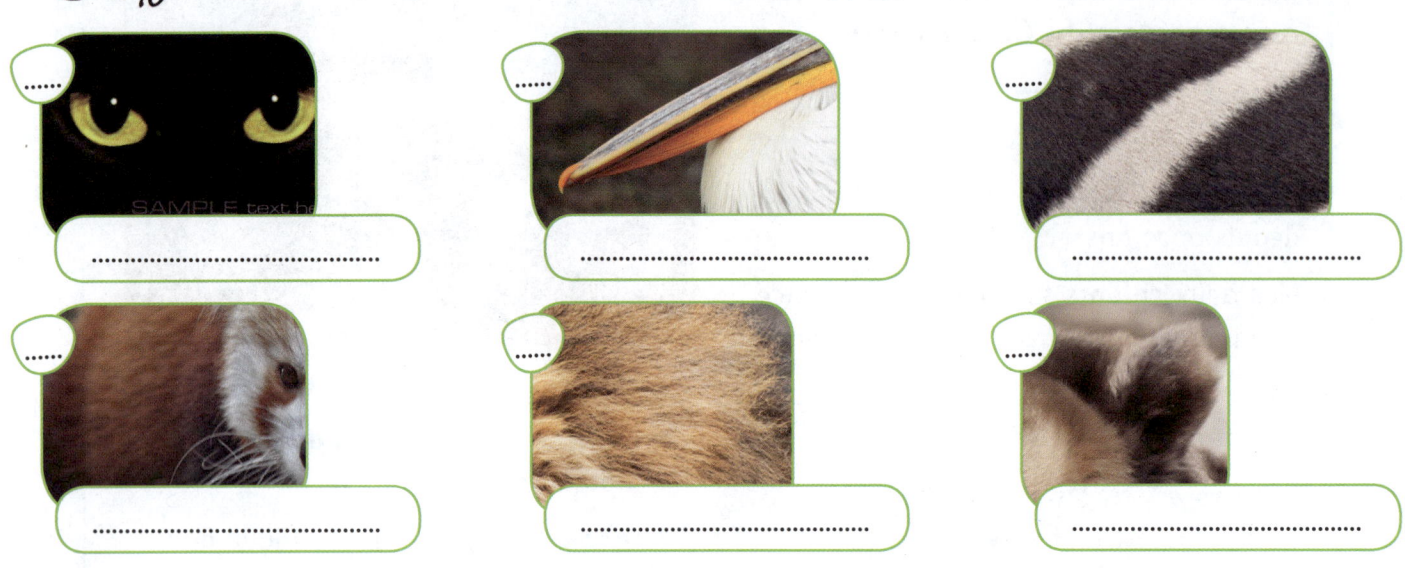

b. Écris le nom de chaque animal sous la bonne photo.

une panthère | un pélican | un ours | un lion | un panda roux | un zèbre

2 Mots fléchés des animaux.

1. Elle a une carapace. Elle vit dans l'eau ou sur la terre.
2. Il vit dans la savane. Il est carnivore. C'est le roi des animaux !
3. C'est un grand oiseau. Il vit au bord des lacs et des rivières. Il pêche des poissons avec son long bec.
4. Il est rayé noir et blanc. Il a quatre pattes. Il vit en Afrique dans la savane.
5. Elle a un pelage noir et des yeux jaunes. Elle court très vite.
6. Il vit dans les régions tropicales. Il a de grandes dents. Il est dangereux.
7. Il vit dans les montagnes en Chine. Il mange des bambous.
8. Elle a un long cou. Elle est végétarienne. Elle vit dans la savane.

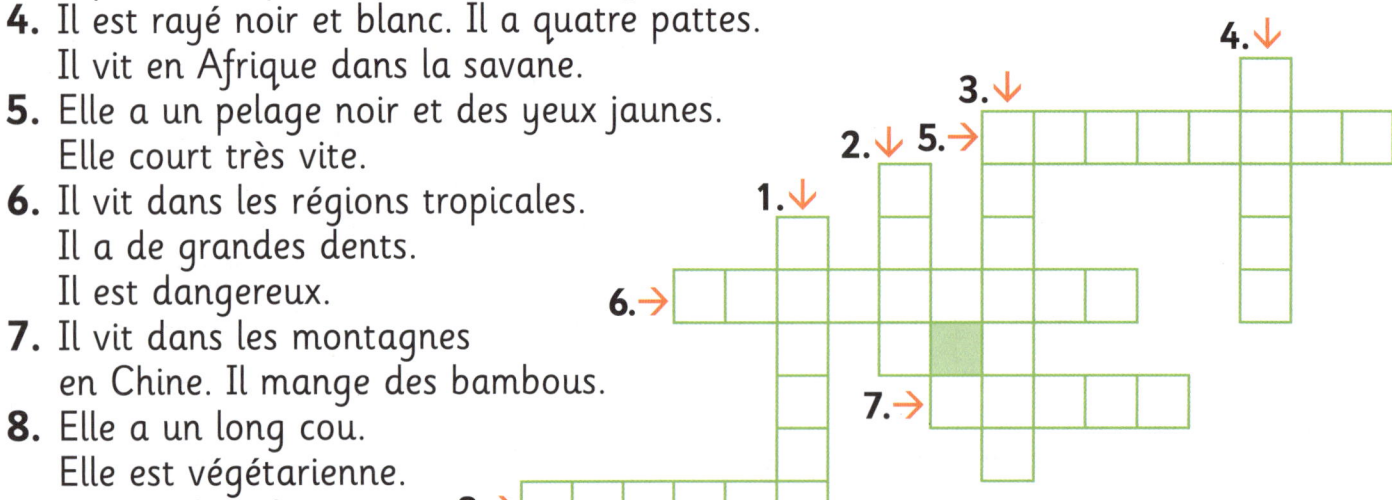

UNITÉ 3 ~ Radio Planète Zigzag

3  Le sais-tu ? Classe les animaux suivants.

a. Selon leur famille.

Mammifères	Oiseaux	Poissons et reptiles
....	....	....
....	....	....
....	....	....
....	....	....
....	....	....

b. Selon leur régime alimentaire.

Carnivores	Végétariens	Omnivores
....	....	....
....	....	....
....	....	....
....	....	....
....	....	....

la panthère
le requin
la poule
LE HÉRISSON
LE PANDA
LA GIRAFE
LE CROCODILE
le pélican
la vache
le canard
LA TORTUE
le lion   LE PERROQUET
l'escargot

4 Quels animaux domestiques possèdent les enfants de ta classe ?

a. Fais une enquête ! (Interroge 4 camarades.)

Prénoms	🐟	🐱	🐶	🐦	🐹	🐰	?
....							
....							
....							
....							

b.  Note les résultats de l'enquête.

Dans notre classe, les enfants ont les animaux domestiques suivants :

	Poisson(s)	Chat(s)	Chien(s)	Oiseau(x)	Hamster(s)	Lapin(s)	Autres
Nombre	....	....	....	....	....	....	....

LEÇON 2 — SOS... ANIMAUX EN DANGER !

1 Des espèces menacées sur tous les continents.

Dans quelles parties du monde est-ce que ces animaux sont menacés ?
Écoute et écris le bon numéro au bon endroit sur la carte.

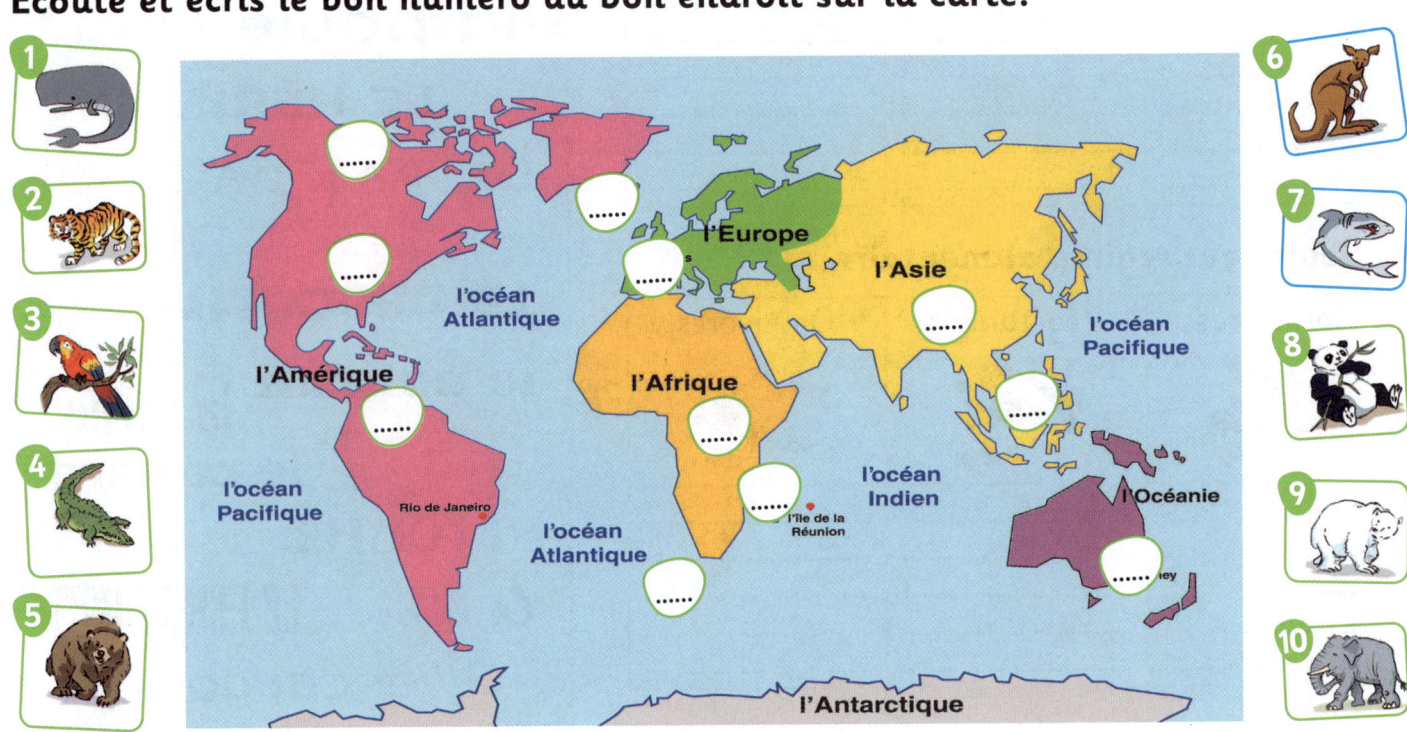

2 Pourquoi est-ce qu'ils sont menacés ?

a. Classe ces animaux dans le bon tableau, puis compare avec ton voisin.

les éléphants – les requins – les pandas – les baleines – les aras – les ours polaires
– les dauphins – les tigres – les kangourous – les pingouins – les crocodiles

Ils sont menacés **parce que** le climat se réchauffe.	Ils sont menacés **parce que** les hommes coupent les forêts.	Ils sont menacés **parce qu'**il y a trop de pollution et trop de pêche dans les océans.	Ils sont menacés **parce que** les braconniers les chassent.

b. Écoute pour vérifier.

UNITÉ 3 Radio Planète Zigzag

3 Devinette des animaux en voie de disparition.

a. Lis et devine.

1
Je suis un mammifère. Je suis végétarien. Je vis en Afrique.

Je suis en danger parce que des braconniers me chassent pour vendre mes défenses en ivoire.

Qui suis-je ?

un(e) ....

2
Je suis un très grand poisson. Je suis carnivore et je vis dans les océans.

Je suis en danger parce qu'on me pêche pour faire des soupes (mes ailerons sont très chers) ou manger ma viande.

Qui suis-je ?

un(e) ....

b. À ton tour, écris une devinette, puis fais deviner à tes camarades.
Note 3 caractéristiques. Explique pourquoi chaque animal est menacé.
Termine avec « Qui suis-je ? ».

Je ....
....
....
Je suis en danger parce que ....
....
....

... Qui suis-je ?

4 Souligne dans ces mots les lettres qui donnent le son [ɑ̃] comme dans .

le serpent – le panda – l'éléphant – la panthère – le sanglier –
le chimpanzé – l'ours blanc – le pélican

5 Tu entends ou tu n'entends pas [ɑ̃] ?

a. Souligne si tu entends [ɑ̃]. Barre si tu n'entends pas [ɑ̃].

1. Les braconniers chass**en**t les éléph**an**ts et v**en**dent **en**suite leurs déf**en**ses à prix d'or.
2. Les gr**an**ds p**an**das m**an**gent **en**viron vingt kilos de b**am**bou par jour. Aujourd'hui, ils sont en d**an**ger parce qu'ils ne trouv**en**t plus assez de nourriture.
3. Le serp**en**t anaconda, le chimp**an**zé, l'éléph**an**t et les ours bl**an**cs sont mainten**an**t des espèces protégées.

b.  Écoute pour vérifier.

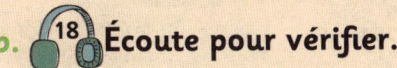
La boîte à sons de Pic Pic le hérisson

LEÇON 3 — PROTÉGEZ LES ANIMAUX !

1 Les bons conseils du professeur Thomas pour protéger la planète.

a. Écoute et numérote les dessins dans l'ordre.

b. Mets les mots dans l'ordre pour retrouver les conseils du professeur Thomas.

1. / pas / dans / N' / de / pesticides / jardins ! / vos / utilisez /
....
2. / nature, / pas / Dans / coupez / fleurs ! / ne / les / la /
....
3. / N' / sacs en plastique / utilisez / de / pas / pour / courses ! / vos / faire /
....
4. / jetez / nature ! / pas / déchets / Ne / vos / la / dans /
....
5. / des / Achetez / papier recyclé ! / cahiers / en /
....
6. / avec / vos / menacées ! / copains / et / Parlez / parents ! / vos / des / espèces /
....

2 Tilou te donne 3 conseils. Es-tu d'accord ou pas d'accord avec lui ?

1. Va à l'école chaque jour en voiture ! À pied ou en bus, c'est trop fatigant !   D'accord !   Pas d'accord !

2. Ne prends pas de panier pour faire les courses ! On te donnera un sac en plastique à la caisse du magasin.   D'accord !   Pas d'accord !

3. Ne reste pas trop longtemps sous la douche le matin ! Fais attention à ta consommation d'eau chaude !   D'accord !   Pas d'accord !

UNITÉ **3** Radio Planète Zigzag

3  Au parc zoologique. Écris sur chaque bulle le numéro du pictogramme correspondant.

...... Respectez la tranquillité des animaux.

...... Ne donnez pas de nourriture aux oiseaux.

...... N'entrez pas dans les enclos.

...... Ne criez pas !

...... Promenez vos chiens en laisse.

...... Ne lancez pas d'objets sur les animaux.

...... Mettez vos papiers et vos chewing-gums dans les poubelles.

4  Les règles de vie de la classe.

a. Avec ton voisin ou ta voisine, proposez des règles de vie pour la classe de français.
Vous pouvez vous inspirer des petits dessins ci-dessous ou faire d'autres propositions.

Règles de vie pour notre classe de français	
Faites	Ne faites pas
......	......
......	......
......	......
......	......
......	......

b. **Proposez vos règles de vie au reste de la classe.**

27

DES MOTS ET DES PHRASES

1 Mots mêlés du verbe *vivre*.

a.  Entoure dans la grille les six formes du verbe *vivre* au présent, puis complète.

V	I	V	O	N	S
I	E	I	V	I	T
S	N	S	U	I	Q
R	V	I	V	E	Z
V	I	V	E	N	T

1. Tu .... sur une île ? Tu as de la chance !
2. Tara et sa sœur ne .... pas en Europe.
3. Le pélican .... au bord des lacs ou près des rivières.
4. Je .... en France, mais je suis né au Mexique.
5. Mes parents et moi .... à la campagne.
6. Vous .... en Espagne depuis longtemps ?

b. Dans la grille, 6 lettres ne sont pas utilisées. Remets-les dans l'ordre et trouve le nom d'un animal. (Il vit dans l'océan.) : un _ _ _ _ _ _

2 Singulier et pluriel.

a.  Observe et complète le tableau.

singulier	pluriel
un animal	des animaux
un cheval	des ....
un	des journaux
un	des châteaux
un	des bateaux
un tableau	des ....

b.  Transforme les phrases suivantes.

       singulier   pluriel

1. **Cet** animal vit en Afrique. → **Ces** .... viv**ent** en Afrique.
2. C'**est** .... → Ce **sont de** beaux chev**aux** noir**s**.
3. C'**est un** tabl**eau** de Pablo Picasso. → Ce .... **des** .... de Pablo Picasso.

JE LIS, J'ÉCRIS

UNITÉ 3 Radio Planète Zigzag

1 À ton avis, quel est le caractère de chaque personnage de Zigzag ?

a. Coche dans le tableau plusieurs traits de caractères pour chaque personnage.

Caractère						
sympa	X					
gentil/le						
timide						
joyeux/se						
gourmand/e						
bavard/e						
paresseux/se						
peureux/se						
courageux/se						
obéissant/e						
désobéissant/e						
prudent/e						
imprudent/e						

b.  **Donne ton avis ! Complète.** (Pense à accorder les adjectifs !)

Je pense que Lila est ....

Je crois que Félix est ....

À mon avis, Bouba est ....

Je trouve que Tilou est ....

Je pense que Pic Pic est ....

À mon avis, Pirouette est ....

29

COMPRÉHENSION DE L'ORAL - 25 POINTS

1 Écoute et écris le numéro de chaque dialogue sous le dessin correspondant.

n°...

n°...

n°...

2 Lis d'abord les 4 questions. Écoute le dialogue entre Emma et Arthur et réponds aux questions.

a Où travaille le père d'Arthur ?

b À l'âge de 6 ans, Emma...

☐ a fait un numéro de clown dans un cirque.
☐ a gagné un concours de peinture.
☐ a passé 3 semaines à l'hôpital.

c Quel métier fera Emma quand elle sera grande ?

d Pourquoi Emma veut-elle faire ce métier ?

....

JE M'ENTRAÎNE AU DELF PRIM A2

3 Lis les questions. Regarde les photos. Écoute le message et réponds aux questions.

a Où Axel veut-il aller ?

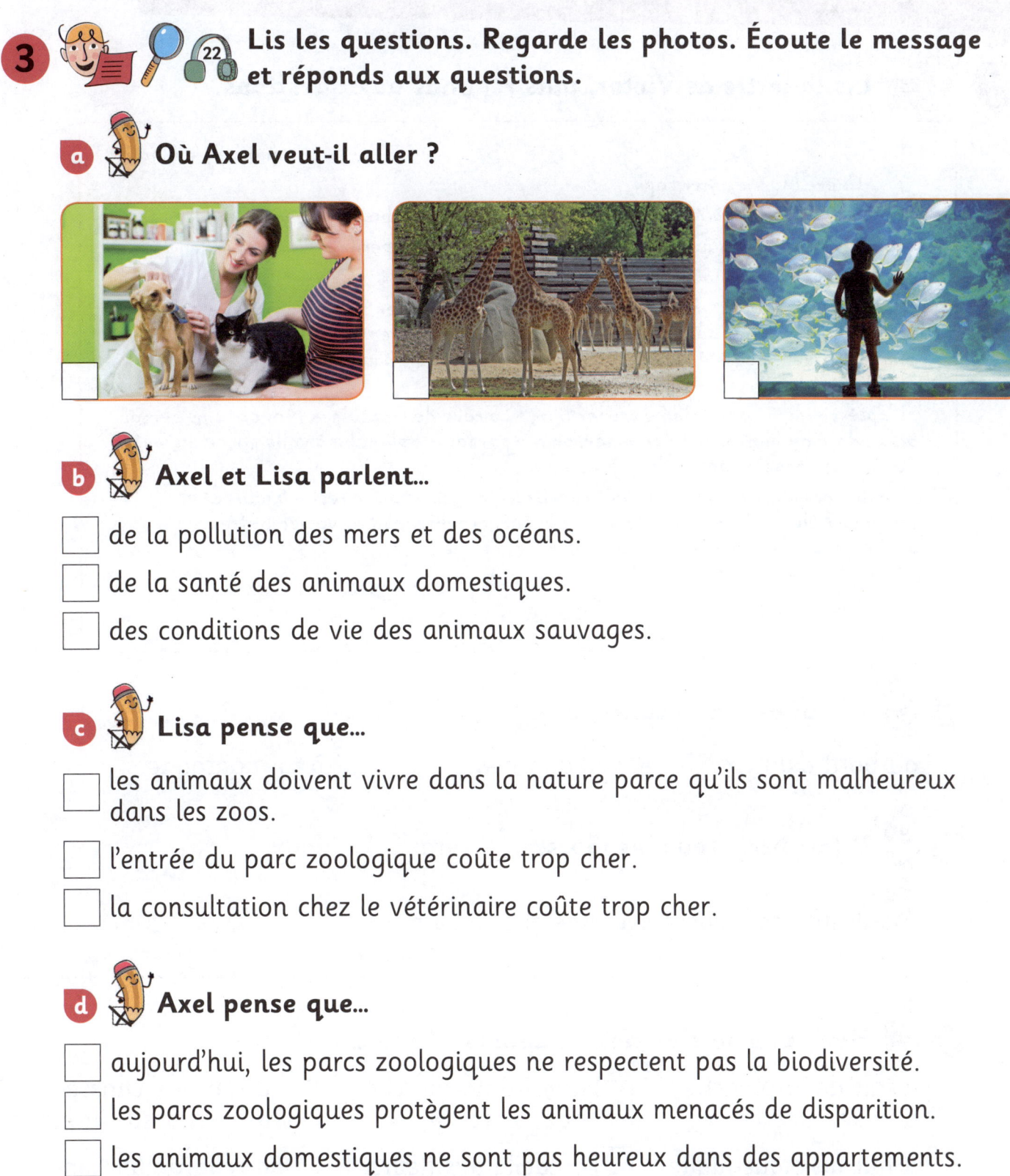

b Axel et Lisa parlent…

☐ de la pollution des mers et des océans.
☐ de la santé des animaux domestiques.
☐ des conditions de vie des animaux sauvages.

c Lisa pense que…

☐ les animaux doivent vivre dans la nature parce qu'ils sont malheureux dans les zoos.
☐ l'entrée du parc zoologique coûte trop cher.
☐ la consultation chez le vétérinaire coûte trop cher.

d Axel pense que…

☐ aujourd'hui, les parcs zoologiques ne respectent pas la biodiversité.
☐ les parcs zoologiques protègent les animaux menacés de disparition.
☐ les animaux domestiques ne sont pas heureux dans des appartements.

e Est-ce que Lisa accompagnera Alex samedi ? Oui ou non ? Explique pourquoi.

....

COMPRÉHENSION DES ÉCRITS - 25 POINTS

1  **Lis la lettre de Victor, puis réponds aux questions.**

> Antibes, le 6 août
>
> Chère Mamie, cher Papi,
> Je suis en vacances à Antibes avec maman depuis le début de la semaine.
> Tous les jours, je vais au « Club des Dauphins ». C'est super !
> Je vous raconte ma journée d'hier au club :
> Hier matin, on a fait une balade à vélo au bord de la mer, puis on a visité le marché aux fleurs dans la vieille ville. Après, on a pique-niqué dans le parc du château. (Ne t'inquiète pas Mamie, j'ai mis mes déchets à la poubelle et je n'ai pas cueilli de fleurs !)
> L'après-midi, on a regardé un super film, « Le rêve de Dracula ». Mes copains et moi, on a adoré ce film ! C'est dommage, on n'a pas fait de planche à voile parce qu'il y a eu un gros orage au début de l'après-midi.
> Lundi prochain, avec maman, on va partir à Monaco et on va rester 5 jours chez son amie Hélène. On va visiter le musée océanographique et on va peut-être participer à une grande chasse au trésor sur la plage !
> Et vous, vous allez bien ?
> Gros bisous,
> Victor

a) Victor est en vacances…

☐ au bord d'un lac.   ☐ à la mer.   ☐ à la montagne.

b) Il fait beau tous les jours.   ☐ vrai   ☐ faux

Justifie ta réponse avec une phrase du texte.

....

c) Hier, avec le club des Dauphins, Victor…

☐ a fait de la planche à voile.   ☐ a visité un marché aux fleurs.   ☐ a fait une chasse au trésor sur la plage.

☐ a fait un pique-nique.   ☐ a cueilli des fleurs.   ☐ a regardé un film.

d) Victor et sa maman vont rester 2 semaines à Antibes.   ☐ vrai   ☐ faux

Justifie ta réponse avec deux phrases du texte.

....

JE M'ENTRAÎNE AU DELF PRIM A2

2  Lis cette affiche et réponds aux questions.

9 conseils pour être en pleine forme !

Fais le plein de vitamines !
Mange des fruits et légumes à chaque repas et chaque fois que tu as une petite faim !

Bouge et fais du sport tous les jours !
Pour bien grandir et avoir de l'énergie, fais au moins une heure de sport par jour !

N'oublie pas ton petit-déjeuner !
Prends un bon petit-déjeuner chaque matin pour faire le plein d'énergie avant de partir à l'école !

Bois de l'eau !
Pour être en forme, tu dois en boire tout au long de ta journée !

Pratique des activités de plein air !
Fais du vélo, du roller ou joue au foot à l'extérieur, sur un terrain de sport, dans la forêt, ou dans un parc. Et respire !

Ne passe pas trop de temps devant les écrans !
Diminue ton temps d'écran pour rester en forme (télévision, jeux vidéo, ordinateur, smartphone) ! Deux heures par jour et pas plus !

Ne bois pas de sodas !
Les sodas sont très sucrés. Ils ne sont pas bons pour ta santé, pour ton poids ni pour tes dents.

Fais de la gymnastique tous les jours !
Fais de la gymnastique tous les jours pour sentir ton corps bouger !

Dors suffisamment !
Tu dois dormir entre 9 et 11 heures par jour pour être en forme ! Avant de t'endormir, éteins les écrans et prends un livre. Tu feras de beaux rêves !

a Le soir, avant de dormir, c'est bien de…

b Pour être en forme, tu dois…

☐ boire des sodas.   ☐ boire des boissons sucrées.   ☐ boire de l'eau.

c Pour bien grandir et avoir de l'énergie, tu dois faire du sport…

☐ une heure par jour.   ☐ deux heures par semaine.   ☐ 7 heures par semaine.

d Pour rester en bonne santé, tu dois…

☐ manger 5 fruits et légumes par jour.
☐ dormir entre 9 et 11 heures par jour.
☐ rester devant les écrans plus de deux heures par jour.

PRODUCTION ÉCRITE - 25 POINTS

1  Lis la consigne.

Tu es malade depuis quelques jours. Comme tu ne peux pas aller à l'école, ton ami Hugo va venir te voir demain après la classe. Tu lui écris pour lui expliquer le chemin de l'école jusqu'à ta maison. (Regarde le plan, tu habites la maison jaune avec un jardin.)

Termine ton message avec un mot gentil !

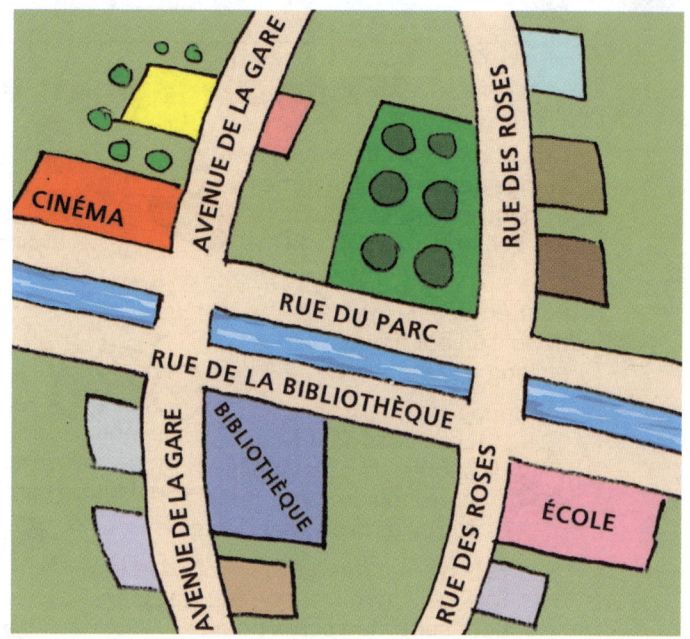

À : hugo@voiloo.com
Objet : Pour venir chez moi

JE M'ENTRAÎNE AU DELF PRIM A2

2   **Hier, tu as visité un château avec tes parents. Tu écris à un ami français pour lui raconter ta journée.**

- Tu racontes ce que tu as fait.
- Tu décris le château.

Écris environ 8 lignes. Tu peux t'aider des dessins.

PRODUCTION ORALE – 25 POINTS

1 Parle de toi !

a. Est-ce que tes parents travaillent ? Quel est le métier de ton papa / de ta maman ?
b. Tu as un animal domestique ? Il s'appelle comment ? Il est comment ?
c. Qu'est-ce que tu fais après l'école ? Le week-end ?
d. Qu'est-ce que tu aimes faire pendant les vacances ?
e. Tu aimes aller au cinéma ? Quel est ton film ou ton dessin animé préféré ?
f. Tu habites loin de l'école ? Tu viens à l'école comment ?
g. Qu'est-ce que tu aimes manger ?
h. Quand tu seras grand(e), quels pays voudrais-tu visiter ?

2 Regarde les photos de Clara. Raconte ce qu'elle a fait la semaine dernière.

Lundi – Mardi – Mercredi – Jeudi – Vendredi – Samedi – Dimanche

JE M'ENTRAÎNE AU DELF PRIM A2

3 Quelle photo préfères-tu parmi les 4 photos ci-dessous ? Explique pourquoi.

a

b

c

d

4  Parle avec ton voisin ou ta voisine de l'un de ces sujets.
Pour choisir, lance le dé. Il t'indiquera le numéro de ton sujet.

1 Quel est ton animal préféré ? Il est comment ?

2 Quelles qualités est-ce que tu aimes chez tes copains et tes copines ? Quelles qualités est-ce que tu n'aimes pas ? Pourquoi ?

3 Beaucoup de gens n'aiment pas les animaux. Et toi ?

4 Quel métier est-ce que tu veux faire plus tard ? Pourquoi ?

5 Beaucoup d'animaux sont menacés de disparition. Pourquoi ?
Qu'est-ce que tu peux faire pour protéger ces animaux ?

6 Qu'est-ce que tu préfères faire : visiter un château ? aller au cinéma ? aller dans une bibliothèque ? Explique pourquoi.

LEÇON 1 — LE CARNET DE VOYAGE DE LILA

1  Grand Quiz du Club Zigzag : Connais-tu le Canada ?

a. Avec ton équipe, lis attentivement chaque question, puis coche la bonne réponse.

1. Sur quel continent est le Canada ?
   - ○ l'Amérique
   - ○ l'Asie
   - ○ l'Europe

2. Quelle est la monnaie du Canada ?
   - ○ l'euro
   - ○ le dollar des États-Unis
   - ○ le dollar canadien

3. Au Canada, quelle langue n'est pas une langue officielle ?
   - ○ l'espagnol
   - ○ le français
   - ○ l'anglais

4. Québec est la capitale
   - ○ du Canada
   - ○ de la province du Québec
   - ○ de l'Amérique du Nord

5. Les couleurs du drapeau canadien sont :
   - ○ bleu – blanc – rouge
   - ○ rouge et blanc
   - ○ bleu et blanc

6. Les couleurs du drapeau québécois sont :
   - ○ bleu et blanc
   - ○ blanc et rouge
   - ○ gris et rouge

7. En hiver au Canada :
   - ○ il ne fait jamais froid
   - ○ il y a peu de neige
   - ○ il y a souvent beaucoup de neige

8. Quelle activité est-ce que tu ne peux pas faire au Canada ?
   - ○ patiner en hiver sur les lacs gelés
   - ○ observer des baleines dans l'océan
   - ○ faire des randonnées dans la forêt tropicale

9. Au Canada, quel animal ne vit pas dans la nature ?
   - ○ l'ours polaire
   - ○ le panda
   - ○ le caribou

10. La mascotte du carnaval de Québec, c'est
    - ○ le bonhomme Carnaval
    - ○ le bonhomme Hiver
    - ○ le Grand Clown des Neiges

b.  Joue avec ta classe !

1. Chaque équipe donne ses réponses.
2. On écoute le CD pour vérifier.
3. On note les points de chaque équipe (1 point par bonne réponse).
4. L'équipe qui a marqué le plus de points a gagné !

UNITÉ 4 ~ Destination Québec !

2 Qui est qui ? Fais correspondre chaque description au bon numéro.

a. Louison est la fille qui joue au hockey sur glace et qui ne porte pas de bonnet.
   Elle porte le n° ....

b. Jean est le petit garçon qui pleure.
   Il porte le n° ....

c. Le garçon à l'anorak bleu qui fait une glissade dans la neige s'appelle Noa.
   Il porte le n° ....

d. Sacha est le garçon qui fait un bonhomme de neige. Il porte le n° ....

e. Camille est la fille qui est entre Théo et Emma sur le mur près de la patinoire.
   Elle porte le n° ....

f. La fille qui lance une boule de neige s'appelle Agathe. Elle porte le n° ....

3 Transforme les phrases comme dans l'exemple. Utilise *qui*.

1. Nina est une fille de 9 ans. Elle vit au Canada.
   Nina est une fille de 9 ans qui vit au Canada.

2. Félix et Lila ont de nouveaux amis. Ils viennent des quatre coins du monde.
   Félix et Lila ont de nouveaux amis ....

3. Sur la patinoire, il y a beaucoup d'enfants. Ils font du hockey sur glace.
   ....

4. Félix regarde la course de chiens de traîneaux. Elle traverse la grande place.
   ....

LEÇON 2 — TU SAIS PARLER QUELLES LANGUES ?

1 Quelles langues est-ce qu'ils parlent ? Écoute et complète.

Prénom : Matthias
J'habite à ....
Je parle ....
À l'école, j'apprends ....
....

Prénom : Rosa
J'habite à ....
Je parle ....
À l'école, j'apprends ....
....

2 Observe et associe chaque pays à la bonne langue.

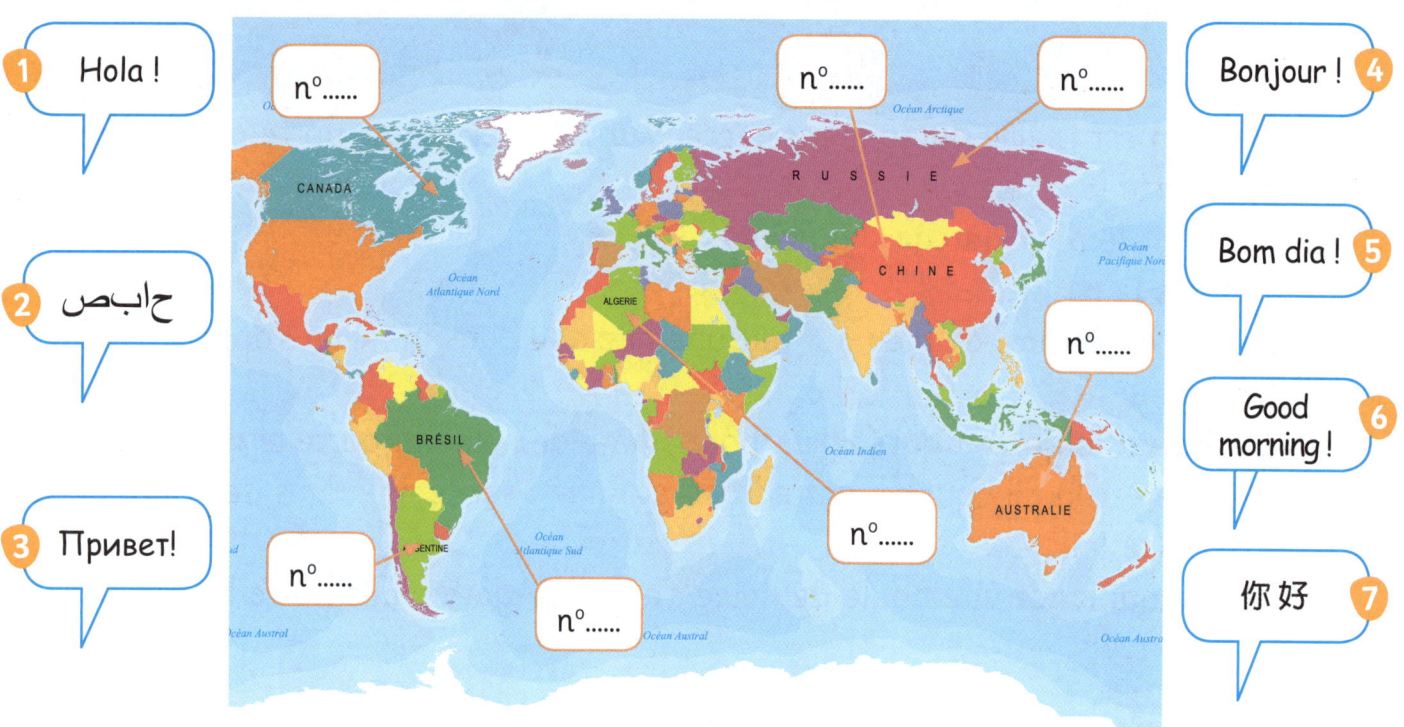

3 Arabe, anglais, grec, italien ou japonais ? Sais-tu d'où viennent ces mots ?

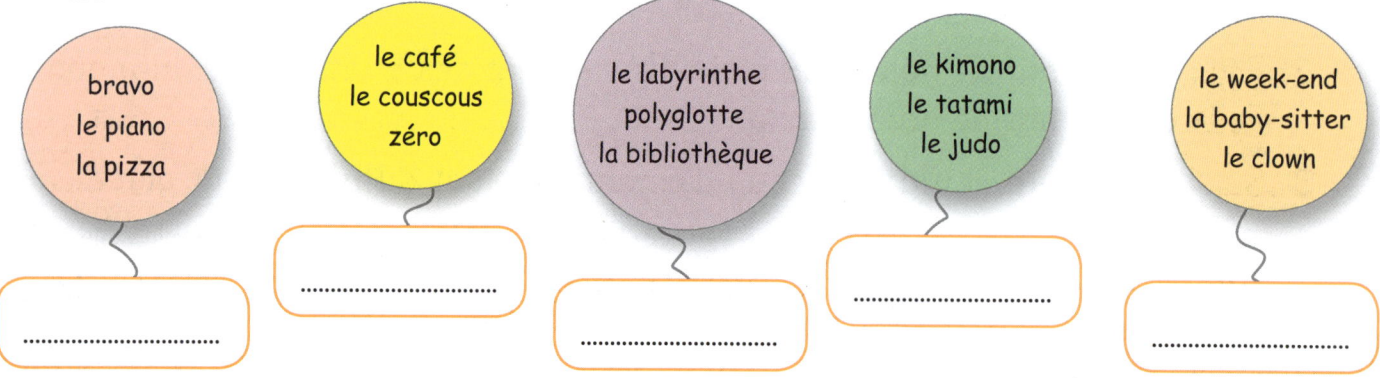

UNITÉ 4 Destination Québec !

4  Un message de Sara.

De : sara@clubzigzag.com
Objet : un message de Sara

Bonjour !
Je m'appelle Sara. J'ai 10 ans. J'habite avec ma famille à Québec depuis 6 ans. Mon petit frère Diego (qui a 4 ans) est né au Québec. Moi, je suis née au Pérou, à Lima.
J'ai d'abord parlé espagnol avec ma famille et à l'école maternelle. Puis, nous avons déménagé au Canada. J'ai appris le français et l'anglais. Maintenant, je sais parler 3 langues et je trouve ça super !
Quand je serai grande, j'apprendrai le chinois, l'arabe et le russe. Je rêve de faire le tour du monde, c'est pourquoi je voudrais parler beaucoup de langues !
Et toi, tu apprends le français depuis quand ? Est-ce que tu parles aussi d'autres langues ?
Réponds-moi à cette adresse : sara@clubzigzag.com. À bientôt j'espère !
Sara

As-tu bien compris ? Coche la bonne réponse.

1. Sara vit ☐ au Canada ? ☐ en France ? ☐ au Pérou ?
2. Son frère est né ☐ au Canada ? ☐ en France ? ☐ au Pérou ?
3. Elle parle ☐ espagnol ? ☐ français ? ☐ chinois ? ☐ anglais ?
4. Elle rêve ☐ de voyager ? ☐ de rentrer au Pérou ?

5 Pour répondre à Sara, donne les informations suivantes :

Tu vis où ? Tu parles quelles langues ? Est-ce que tu aimerais apprendre d'autres langues quand tu seras grand(e) ? Pourquoi ?

Bonjour Sara ! ....
....
....
....
....

LEÇON 3 — ATTENTION, ÇA GLISSE !

1  **L'après-midi de Mattéo.**

a. Numérote les activités de Mattéo dans l'ordre, puis écoute pour vérifier.

b. Raconte l'après-midi de Mattéo. Utilise les verbes suivants au passé composé : **rentrer à – aller à – partir de – sortir de – arriver – tomber**.

1. Mattéo ....
2. Il ....
3. ....
4. ....
5. Sa maman ....
6. Ils ....

2 Aide Pirouette à tracer le bon chemin. Relie les éléments qui s'accordent.

Lila •		• arrivé.
Félix •	• est •	• arrivée.
Bouba et Lila •	• sont •	• arrivés.
Félix et Lila •		• arrivées.

42

UNITÉ 4 Destination Québec !

3 **Pour raconter l'histoire du Petit Chaperon rouge. Entoure le bon mot.**

La petite fille **a /(est) partie** chez sa grand-mère. Elle **est / a traversé** la forêt et **a / est rencontré** le loup. Le loup lui **a / est demandé** « Où vas-tu Chaperon rouge avec ton joli panier ? » Le petit Chaperon rouge **a / est répondu** : « Je vais chez ma grand-mère. »
Le loup **a / est couru** jusqu'à la maison de la grand-mère. Il **a / est sonné** à la porte, **a / est entré** et… **a / est mangé** la pauvre grand-mère !
Puis le loup **a / est grimpé** dans le lit de la grand-mère et **a / est attendu** la fillette…

4 **Écris une phrase sous chaque dessin. Utilise les verbes suivants au passé composé :** manger – sortir de – faire – aller à – tomber – courir.

1. Il .... 2. .... 3. ....

4. .... 5. .... 6. ....

5 **Écris l'infinitif de chaque verbe, comme dans l'exemple.**

1. Elles ont couru. → courir
2. Elle est allée au cinéma. → ....
3. Nous avons eu très peur. → ....
4. Nina a appris l'anglais à l'école maternelle. → ....

43

DES MOTS ET DES PHRASES

1 Colorie en jaune les phrases qui ont un verbe au passé composé.

1. Bouba a glissé sur la neige gelée.
2. Elles sont parties à la piscine en bus.
3. Les nouveaux amis de Félix et Lila sont très sympas.
4. Hier, Pic Pic a eu très froid sur la patinoire.
5. Il fait très froid en hiver au Canada.
6. Félix a fait un reportage sur le Carnaval.
7. Le nom québécois du « hot dog » est le « chien chaud ».

2 Mots fléchés. Complète la grille à l'aide des dessins. Tu découvriras dans les cases orange l'activité préférée de Lilie.

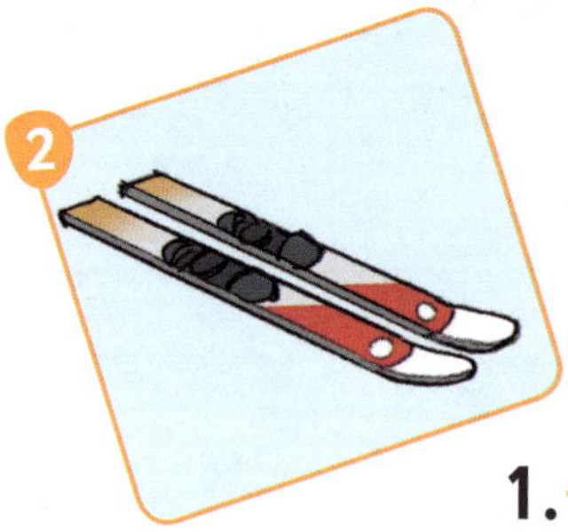

L'activité préférée de Lilie est la _ _ _ _ _ _ _ _ _ _ _ .

JE LIS, J'ÉCRIS

UNITÉ 4 Destination Québec !

1  **Observe ce document. Quelles informations y trouves-tu ?**

Vos vacances en famille au Québec

Nature, environnement, loisirs... Au Québec, il y a de nombreuses possibilités pour bien remplir ses journées ! Voici quelques idées à faire en famille.

❶ Vos enfants aiment l'action ?

Partez à l'aventure à pied, à vélo ou à cheval sur les sentiers qui traversent le Québec. Faites de l'accrobranche dans les arbres ou grimpez sur des rochers... Rien ne pourra vous arrêter !

❷ Vos enfants aiment l'eau ?

Le Québec est un pays de lacs et de rivières et vous trouverez facilement un endroit pour vous baigner, faire du canoë, du kayak, du rafting ou de la voile. Au Québec, vous plongerez dans un bain de plaisir !

❸ Vos enfants aiment la nature et les animaux ?

Profitez d'une excursion sur le fleuve Saint-Laurent pour aller observer les baleines à Tadoussac. Vous verrez des bélugas et des rorquals bleus. Le soir, vous pourrez faire du camping et dormir dans des tipis. Tout simplement génial !

❹ Vos enfants aiment l'hiver ?

En hiver au Québec, on peut faire beaucoup d'activités : du ski, du snowboard (de la planche à neige), des raquettes, des glissades, du patinage, sans oublier les chiens de traîneau et la motoneige !

a.  **Associe chaque photo à un paragraphe.**

Paragraphe n° ....

Paragraphe n° ....

Paragraphe n° ....

Paragraphe n° ....

Paragraphe n° ....

b.  **Tu dois proposer à tes parents 2 activités pour vos vacances au Québec. Quelles activités est-ce que tu choisis ? Explique ton choix.**

LEÇON 1 : VOUS ÊTES DÉJÀ ALLÉS AU MAROC ?

1  Grand Quiz du Club Zigzag : Connais-tu le Maroc ?

a. Avec ton équipe, lis attentivement chaque question, puis coche la bonne réponse.

1. **Sur quel continent est situé le Maroc ?**
   - ○ l'Europe
   - ○ l'Afrique
   - ○ l'Asie

2. **Le Maroc est situé**
   - ○ au sud de l'Espagne
   - ○ à l'ouest de l'Espagne
   - ○ au nord de l'Espagne

3. **Quelle est la capitale du Maroc ?**
   - ○ Casablanca
   - ○ Marrakech
   - ○ Rabat

4. **Quelle est la monnaie du Maroc ?**
   - ○ l'euro
   - ○ le dollar
   - ○ le dirham

5. **Les couleurs du drapeau marocain sont :**
   - ○ bleu – blanc – rouge
   - ○ rouge et vert
   - ○ bleu et vert

6. **Au Maroc, il y a**
   - ○ un président de la République
   - ○ une présidente de la République
   - ○ un roi

7. **En été à Marrakech**
   - ○ il fait souvent froid
   - ○ il fait très chaud
   - ○ il y a parfois de la neige

8. **Quelle activité est-ce que tu ne peux pas faire au Maroc ?**
   - ○ faire des randonnées dans le désert
   - ○ patiner en hiver sur les lacs gelés
   - ○ nager dans l'océan

9. **Dans une ville marocaine, la médina, c'est**
   - ○ la vieille ville
   - ○ la ville moderne
   - ○ le château

10. **Les babouches sont**
    - ○ des épices pour la cuisine
    - ○ des petits gâteaux sucrés
    - ○ des chaussures

b.  Joue avec ta classe !

1. Chaque équipe donne ses réponses.
2. On écoute le CD pour vérifier.
3. On note les points de chaque équipe (1 point par bonne réponse).
4. L'équipe qui a marqué le plus de points a gagné !

UNITÉ 5 ~ Destination Maroc !

2  **Interviewe tes camarades.**
Lorsque tu trouves un camarade qui correspond à l'une des informations, écris son prénom en haut de la case.

Trouve quelqu'un qui...		
....	....	....
est déjà allé(e) au cirque.	a déjà fait du camping.	a déjà pris le train.
....	....	....
n'a jamais fait de patin à glace.	est déjà allé(e) au zoo.	a déjà mangé des crêpes.
....	....	....
n'a jamais vu de vrai serpent.	a déjà visité un château.	n'a jamais joué au foot.

3  Chez le marchand de babouches. Avec ton voisin ou ta voisine, imagine un dialogue entre le vendeur et sa cliente. N'oublie pas d'indiquer qui parle.

....
....
....
....
....
....

Tu pourras utiliser :

coûter combien ?

ces babouches

essayer

quelle pointure ?

aller très bien

ça fait...

acheter

4  Joue le dialogue avec ton voisin ou ta voisine.

LEÇON 2 — UNE RANDONNÉE DANS LE DÉSERT

1  Des touristes racontent leurs vacances à Félix. Écoute, puis coche les bonnes réponses.

1. Où est-ce qu'ils ont passé leurs vacances ?

2. Où est-ce qu'ils ont dormi ?

3. Qu'est-ce qu'ils ont fait ?

2 Mots rangés. Écris les mots correspondant aux dessins dans les bonnes cases.

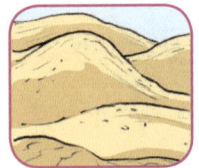      

1. une ▢▢▢▢ s
2. une ▢▢▢▢ e
3. un ▢▢▢▢ t
4. un ▢▢▢▢▢ r
5. un ▢▢▢▢▢ u
6. une ▢▢▢▢▢▢ u
7. un ▢▢▢▢▢▢▢ e

UNITÉ **5** Destination Maroc !

3 Oh la la ! Qu'est-ce qu'il fait chaud !

a. Question (?) ou exclamation (!). Écoute et coche.

	?	!	Phrase
1.		X	Qu'est-ce que c'est joli !
2.			
3.			
4.			
5.			

b. Écoute encore pour vérifier. Écris la phrase entendue dans le tableau. N'oublie pas la ponctuation !

4  Présent, passé ou futur ? Colorie les bulles :

- en **jaune** quand la phrase est au passé (hier, avant) ;
- en **bleu** quand la phrase est au présent (aujourd'hui, maintenant) ;
- en **rose** quand la phrase est au futur (demain, après…).

- Ce soir, nous dormirons dans une oasis.
- Je vais très bien !
- Ils sont partis à 6 heures.
- Je boirai un thé à la menthe à l'hôtel.
- Quand est-ce qu'on mange ? J'ai faim !
- Ces dunes de sable sont magnifiques !
- On a dormi sous la tente.
- Je n'ai jamais vu un paysage aussi beau !
- J'écrirai une carte postale à mes grands-parents.
- J'ai très froid !

5  Cherche dans la lettre de Lila (livre de l'élève page 54) les formes des verbes suivants au passé composé. Écris comme dans l'exemple.

voir → *Nous avons vu des charmeurs de serpents.*
partir → ....
faire → ....
avoir → ....
descendre → ....

LEÇON 3 — À LA PETITE ÉCOLE DU DÉSERT

1   Calendrier des vacances scolaires.

Léa habite à Paris. Écoute et colorie en bleu les périodes de l'année où elle a des vacances.

Septembre						
L	M	M	J	V	S	D
					1	2
3	4	5	6	7	8	9
10	11	12	13	14	15	16
17	18	19	20	21	22	23
24	25	26	27	28	29	30

Octobre						
L	M	M	J	V	S	D
1	2	3	4	5	6	7
8	9	10	11	12	13	14
15	16	17	18	19	20	21
22	23	24	25	26	27	28
29	30	31				

Novembre						
L	M	M	J	V	S	D
			1	2	3	4
5	6	7	8	9	10	11
12	13	14	15	16	17	18
19	20	21	22	23	24	25
26	27	28	29	30		

Décembre						
L	M	M	J	V	S	D
					1	2
3	4	5	6	7	8	9
10	11	12	13	14	15	16
17	18	19	20	21	22	23
24	25	26	27	28	29	30
31						

Janvier						
L	M	M	J	V	S	D
	1	2	3	4	5	6
7	8	9	10	11	12	13
14	15	16	17	18	19	20
21	22	23	24	25	26	27
28	29	30	31			

Février						
L	M	M	J	V	S	D
			1	2	3	
4	5	6	7	8	9	10
11	12	13	14	15	16	17
18	19	20	21	22	23	24
25	26	27	28			

Mars						
L	M	M	J	V	S	D
				1	2	3
4	5	6	7	8	9	10
11	12	13	14	15	16	17
18	19	20	21	22	23	24
25	26	27	28	29	30	31

Avril						
L	M	M	J	V	S	D
1	2	3	4	5	6	7
8	9	10	11	12	13	14
15	16	17	18	19	20	21
22	23	24	25	26	27	28
29	30					

Mai						
L	M	M	J	V	S	D
	1	2	3	4	5	
6	7	8	9	10	11	12
13	14	15	16	17	18	19
20	21	22	23	24	25	26
27	28	29	30	31		

Juin						
L	M	M	J	V	S	D
				1	2	
3	4	5	6	7	8	9
10	11	12	13	14	15	16
17	18	19	20	21	22	23
24	25	26	27	28	29	30

Juillet						
L	M	M	J	V	S	D
1	2	3	4	5	6	7
8	9	10	11	12	13	14
15	16	17	18	19	20	21
22	23	24	25	26	27	28
29	30	31				

Août						
L	M	M	J	V	S	D
			1	2	3	4
5	6	7	8	9	10	11
12	13	14	15	16	17	18
19	20	21	22	23	24	25
26	27	28	29	30	31	

2 Tous les enfants ne vont pas à l'école. Complète avec :
tous les – toutes les – un peu de – plus de – quelques

1. Dans le monde, ……………… enfants n'ont malheureusement pas la chance d'aller à l'école.

2. ……………… 200 millions d'enfants travaillent.

3. Ces enfants gagnent ……………… centimes pour pouvoir manger ……………… pain ou ……………… riz.

4. Pourtant, apprendre à lire et à écrire est un droit pour ……………… garçons et ……………… filles, dans ……………… pays.

UNITÉ 5 Destination Maroc !

3  Mots fléchés. Lis les phrases pour compléter la grille.

1. Il travaille dans l'école avec les enfants. C'est un ....
2. Les familles .... vivent dans le désert, sous des tentes.
3. Aller à l'école est un .... pour tous les enfants.
4. Sami rêve d'installer une .... dans la petite école du désert.
5. Pour les enfants du désert, l'année .... commence en septembre et finit en mai.
6. Les pirates ont des bijoux et de l'or dans leur .... Sami a des livres dans le sien.
7. Dans le désert, on trouve des .... de chèvres et de moutons.

4  Lis ce petit article, puis coche le bon graphique.

La scolarisation des enfants de 3 à 12 ans

En France aujourd'hui, 99 enfants sur 100 vont à l'école.
Au Canada, tous les enfants vont à l'école.
Au Maroc, 90 enfants sur 100 vont à l'école.
Au Mali, 60 enfants sur 100 vont à l'école et en Somalie, seulement 20 enfants sur 100 vont à l'école.

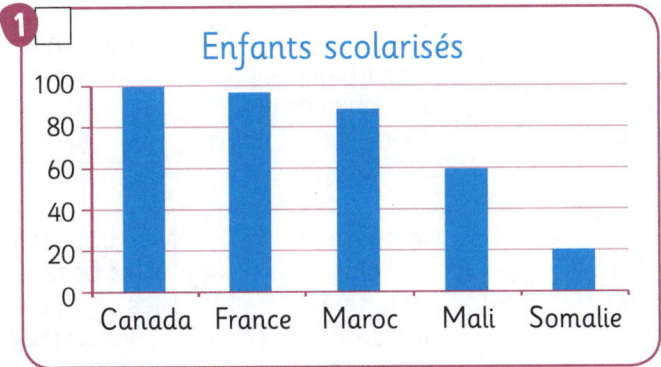
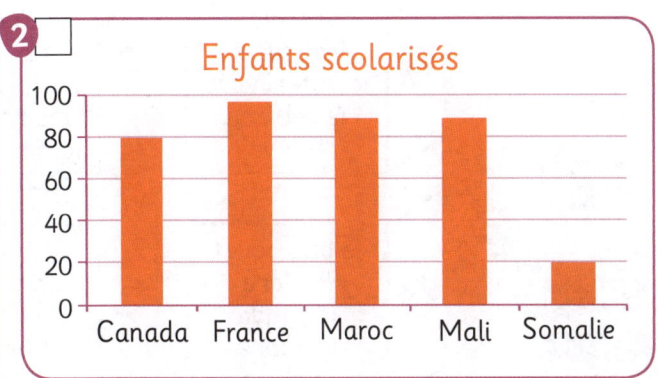

DES MOTS ET DES PHRASES

1  Pour éviter des répétitions…

a. Observe. Comment peut-on faire en français pour éviter des répétitions ?
- On lit **la lettre** de nos correspondants ? Oui, on **la** lit !
- On ouvre **le paquet** ? Oui, on **l'**ouvre !
- Où est-ce qu'on met **ce poster** ? On **le** colle sur le tableau !
- On mange **les bonbons** maintenant ? Non, on **les** mangera plus tard !

b. Relie chaque question à la bonne réponse.

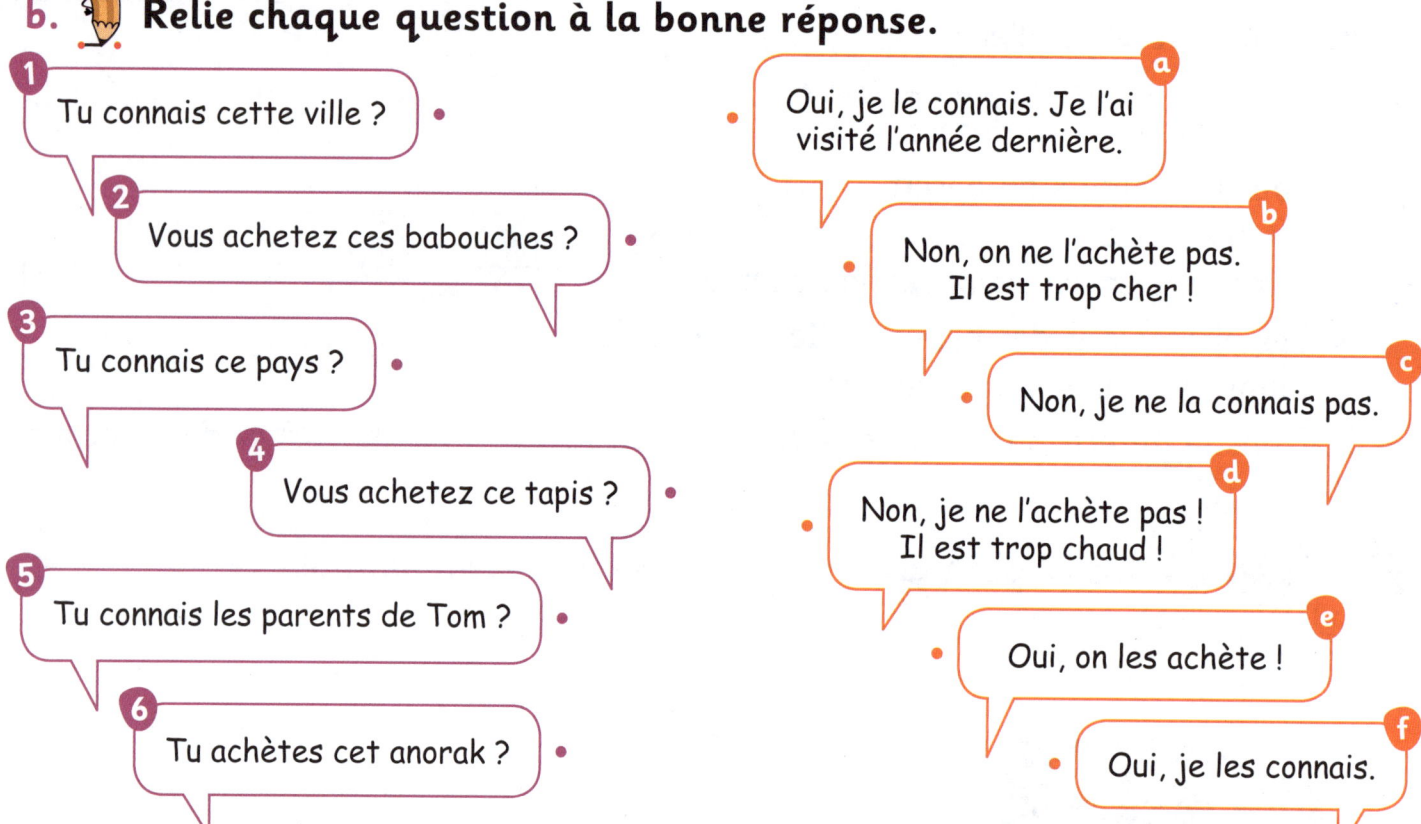

1. Tu connais cette ville ?
2. Vous achetez ces babouches ?
3. Tu connais ce pays ?
4. Vous achetez ce tapis ?
5. Tu connais les parents de Tom ?
6. Tu achètes cet anorak ?

a. Oui, je le connais. Je l'ai visité l'année dernière.
b. Non, on ne l'achète pas. Il est trop cher !
c. Non, je ne la connais pas.
d. Non, je ne l'achète pas ! Il est trop chaud !
e. Oui, on les achète !
f. Oui, je les connais.

2  Barre l'intrus dans chaque boîte à mots et dis pourquoi.

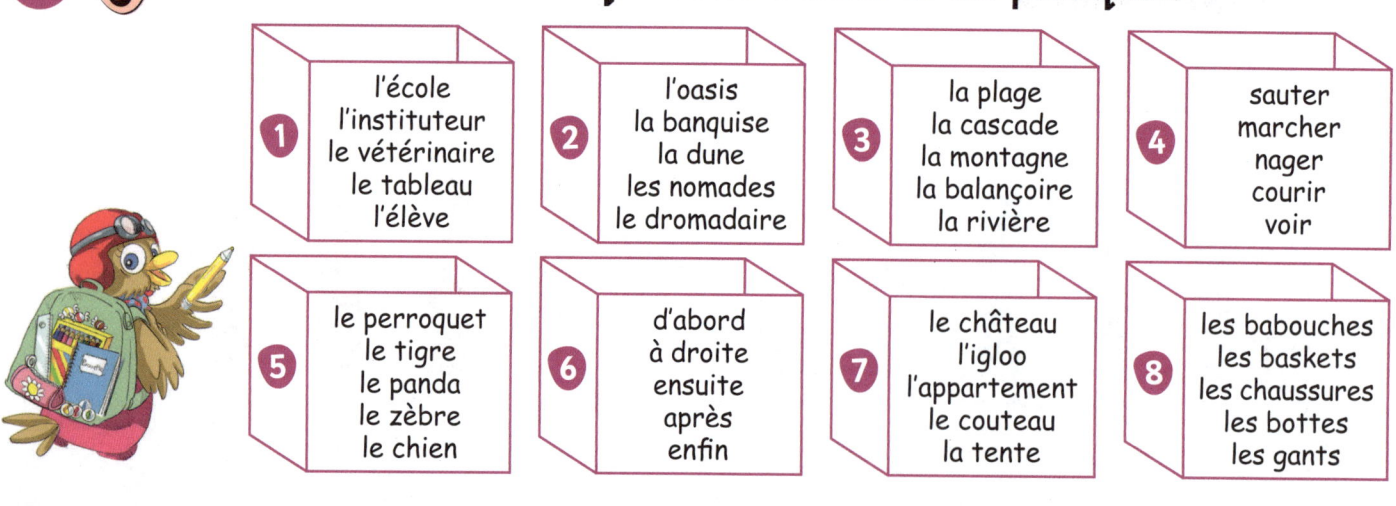

1. l'école / l'instituteur / le vétérinaire / le tableau / l'élève
2. l'oasis / la banquise / la dune / les nomades / le dromadaire
3. la plage / la cascade / la montagne / la balançoire / la rivière
4. sauter / marcher / nager / courir / voir
5. le perroquet / le tigre / le panda / le zèbre / le chien
6. d'abord / à droite / ensuite / après / enfin
7. le château / l'igloo / l'appartement / le couteau / la tente
8. les babouches / les baskets / les chaussures / les bottes / les gants

JE LIS, JE COMPRENDS

UNITÉ 5 Destination Maroc !

1  **La journée d'un écolier français.** Léo a fabriqué un texte-puzzle pour envoyer à ses correspondants !

a. Remets le texte dans l'ordre et écris le bon numéro en face de chaque heure.

1 C'est la pause de midi. Je déjeune à la cantine. Après la cantine, je joue au foot ou au basket dans la cour avec mes copains.

2 La classe commence. On a un quart d'heure de récréation à 10 heures, et après la récré, on a à nouveau classe jusqu'à 11h30.

3 Ma journée commence. Je prends mon petit-déjeuner, et je pars à l'école à vélo.

4 Après la classe, je reste une heure à l'école pour faire mes devoirs. (On appelle ça l'étude.)

5 Ma journée est finie. Je vais au lit.

6 La classe recommence jusqu'à 16h30. On a un quart d'heure de récréation vers 15 heures.

7 Après l'étude, je rentre à la maison à vélo. Parfois je vais jouer au parc avec mes copains, ou je joue dans ma chambre à des jeux vidéo.

8 Je dîne avec ma famille. Après, on regarde un peu la télé.

Ma journée

7h00 : texte n° ....

8h30 : texte n° ....

11h30 : texte n° ....

13h30 : texte n° ....

16h30 : texte n° ....

17h30 : texte n° ....

20h00 : texte n° ....

21h00 : texte n° ....

b. 🎧 Écoute pour vérifier.

LEÇON 1 : ALLÔ, MADAME BOUBA ?

1 Écoute les messages et coche les bonnes réponses.

1. **Message n° 1.**
   - ☐ Sofiane va venir en France.
   - ☐ Sofiane est en France.
   - ☐ Sofiane est venu en France la semaine dernière.

2. **Message n° 2.**
   - ☐ Marco est à Madrid.
   - ☐ Marco est au Maroc.
   - ☐ Marco est à l'aéroport Charles de Gaulle.

3. **Message n° 3.** Rita, la sœur de Bouba, va venir à Paris pour
   - ☐ visiter la Tour Eiffel.
   - ☐ faire un reportage sur la Tour Eiffel.
   - ☐ voir des amis.

2 Allô Nina ? Avec ton voisin ou ta voisine, imagine une conversation entre Antoine et Nina. Puis écoute.

Antoine, un copain de Nina, habite à Bruxelles. Il va venir avec ses parents passer deux semaines de vacances près de Nice. Il arrivera le 8 juillet à 11 heures à l'aéroport de Nice.
Nina habite à Nice. Elle sera en vacances en Espagne avec ses parents du 9 au 25 juillet.

1. Allô, Nina ? C'est Antoine !

2. Antoine ? Ça c'est une .... ! Tu es où ?

3. Je ....
   Je t'appelle parce que ....
   ....
   .... On pourra se voir ?

4. Oui, c'est .... !
   .... quand ?

5. .... le 8 juillet à
   ....

6. Le 8 juillet ? Oh la la, moi je ....
   ....

7. Oh oh, ... peut faire ?

8. J'ai une idée : je viendrai ....
   ....

9. Ça c'est une super idée !
   À bientôt Nina, salut !

10. ....

UNITÉ 6 ~ Ensemble... et en couleurs

3 Pour décrire des copains.

Jules   Jeanne   Rose   Paul   Théodore   Louisa

a.  Écris **V** (vrai) ou **F** (faux).

1. Jules est plus petit que Jeanne. ☐
2. Les cheveux de Paul sont moins longs que les cheveux de Jules. ☐
3. Jules est aussi mince que Théodore. ☐
4. Louisa ressemble à Rose, mais elle est plus ronde. ☐
5. Jeanne est plus petite que Rose. ☐
6. Les cheveux de Louisa sont plus raides que les cheveux de Jeanne. ☐

b. **Les deux jumelles Rose et Louisa se ressemblent, mais pas complètement...**
Note 3 différences.

1. ....
2. ....
3. ....

4 Complète avec le bon adjectif, puis colorie le dessin.

grands – noires – jolie – bleu –
violet – verte – verts – roses – noirs

1. Julie a des cheveux ....
2. Elle a des .... yeux ....
3. Elle porte une .... chemise ...., un short .... et des chaussures ....
4. Elle a des rollers .... et un skateboard ....

55

LEÇON 2 — PARIS VU DU CIEL

1  Complète chaque devinette et relie à la bonne photo.

1. Je suis le plus grand musée de Paris. J'accueille chaque année plus de 8 millions de visiteurs. Mon tableau le plus célèbre est un tableau de Léonard de Vinci.
Qui suis-je ?
Le ....

2. Je traverse la Seine et suis le plus vieux pont de Paris.
Qui suis-je ?
....

3. Les touristes adorent regarder les vitrines de mes magasins ou dîner sur les terrasses de mes restaurants.
Qui suis-je ?
....

4. Si tu viens en promenade avec moi, tu pourras naviguer sur la Seine et admirer les monuments de Paris.
Qui suis-je ?
....

5. Je suis une grande dame de fer et je suis aussi le monument le plus célèbre de Paris.
Qui suis-je ?
....

6. Les enfants adorent jouer sur mon bassin, dans mes allées ou sur mes pelouses. Les adultes viennent pour se promener ou se reposer.
Qui suis-je ?
....

a

b

c

d

e

f

UNITÉ 6 Ensemble... et en couleurs

2 Les records des animaux ! Complète avec le nom du bon animal.

1. L'animal le plus rapide au monde, c'est le .... Il peut courir à une vitesse de 110 km/heure.

2. La .... est l'animal le plus gros et le plus lourd. Elle mesure 30 mètres de long et pèse jusqu'à 180 tonnes.

3. La .... est l'animal qui vit le plus longtemps (de 150 à 200 ans).

4. La .... est l'animal le plus haut. Elle mesure près de 6 mètres.

5. Le .... est l'animal le plus lent. Il parcourt 5 à 10 mètres en une minute. Il dort entre 15 et 20 heures par jour.

3 [b] ou [v] ? Écoute et écris les mots. N'oublie pas un ou une.

1. .... 4. ....
2. .... 5. ....
3. .... 6. ....

4 [s] ou [z] ?

a. Colorie en jaune quand on prononce [s]. Colorie en rose quand on prononce [z] ; Ajoute  pour les liaisons en [z].

> Tom et sa classe ont fait un voyage en France pendant leurs vacances. Ils ont visité Paris et ses monuments. Ils ont adoré le musée du Louvre et la promenade en bateau-mouche sur la Seine. Ils ont aussi goûté à la cuisine française. Ce qu'ils ont préféré ? La tarte au citron, la glace à la fraise et... le couscous !

b. Écoute pour vérifier.

LEÇON 3 — TOUS DIFFÉRENTS... TOUS DES ENFANTS !

1  Écoute chaque enfant. Note les bonnes informations.

1
Prénom : ....
Âge : ....
Nationalité : ....
Projet réalisé dans son école : ....
....
....

2
Prénom : ....
Âge : ....
Nationalité : ....
Projet réalisé dans son école : ....
....
....

2  Tom a posté un message sur le blog de son école, mais il a oublié les points et les majuscules... Réécris son texte correctement !

École Enfants du monde – Québec

| Accueil | Notre école | Nos sorties | Nos projets | Nos correspondants |

notre classe a participé à un projet contre le racisme et a gagné un voyage en france

aujourd'hui 21 mars, nous avons rendez-vous à paris avec des enfants du monde entier pour la grande fête « ensemble et en couleurs » à notre arrivée à la tour eiffel, nous avons rencontré fatou qui vient du sénégal, chléa qui vient de guyane et théo qui vient de suisse

....
....
....
....
....
....

UNITÉ 6 Ensemble… et en couleurs

3  **a. Fais voir le son ! Complète les couplets de la chanson. Pour t'aider, cherche les rimes !**

Que ta peau soit du ....,
........................, du beurre ou du pain frais
Quelle que soit la couleur elle est ....
Quand on regarde avec les oreilles
Tout dépend de l'endroit où tu ....
Du coin de ta peau où tu frappes

Fais voir le son de tes cuisses
Fais voir le son de ton ventre
Fais voir le son de tes côtes
Fais voir le son de tes joues
Bien tendu ou tout mou
Bien tendu ou tout mou

Pomme rouge, citron, ...
Teint rosé, violacé, petite mine
Toutes les peaux de la Terre se ....
Au micro, sur un disque ou une bande
Sur ton corps tu pourras l'écouter
Si ton oreille sait ....

Chair de poule, taches de rousseur
Peau qui pique, peau de pêche ou de ....
Bronzée en juin ou pâle en décembre
La couleur est pareille à entendre
Que tu viennes du froid ou du chaud
Voici le son de la couleur de ta ....

Fais voir le son de tes cuisses…

mandarine

café au lait

fleur

ressemblent

pareille

peau

tapes

chocolat

regarder

b.  **Écoute pour vérifier, puis chante avec tes camarades !**

59

BD

1   **Complète les bulles de la BD. Ajoute 2 vignettes.**

J'ÉCRIS

UNITÉ 6 Ensemble… et en couleurs

1  Atelier d'écriture. Choisis l'atelier 1 ou l'atelier 2.

a Atelier n° 1. **Imagine la suite de l'histoire d'Olaf et Kidi.** (Sur ton livre p. 74 et 75.)

Voilà. L'histoire peut commencer.
....
....
....
....
....
....
....

b Atelier n° 2. **Imagine une histoire avec les ingrédients ci-dessous. Donne-lui un titre. Dessine les illustrations dans les parties grises.**

....

Il est .... Elle est ....
....
....
....

Un jour, ...
....
....
....

Pour deux personnes :
(Madame Jeanne, Victor)

Ingrédients :

- des cheveux noirs et frisés
- du chocolat
- une casquette rouge
- une paire de rollers
- une paire de lunettes
- un fauteuil roulant
- un parc

Voilà, l'histoire peut commencer.

COMPRÉHENSION DE L'ORAL - 25 POINTS

1 🎧 ✏️ Observe, écoute et écris le numéro de chaque dialogue sous le dessin correspondant.

n°...

n°...

n°...

2 🎧 La maman de Léo lui a laissé un message. Lis d'abord les questions. Écoute le message, puis réponds aux questions.

a ✏️ Léo a son cours de judo le…

☐ lundi   ☐ mardi   ☐ mercredi   ☐ jeudi   ☐ vendredi

b ✏️ La maman de Léo est partie à Paris en…

☐

☐

☐

c ✏️ La maman de Léo rentrera à la maison à…

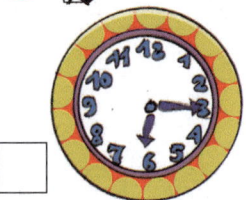
☐

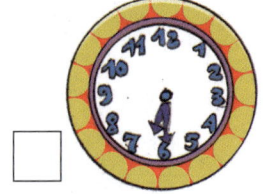
☐

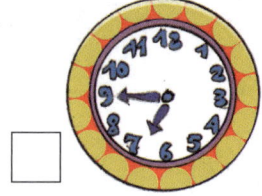
☐

d ✏️ Que devra faire Léo ce soir ?

☐

☐

☐

☐

JE M'ENTRAÎNE AU DELF PRIM A2

3 Louisa parle avec son frère après la classe. Lis d'abord les questions. Écoute le dialogue entre Louisa et son frère puis réponds aux questions.

a Qui est Sara ?

☐ la meilleure copine de Louisa
☐ le nouveau professeur d'anglais
☐ une nouvelle élève

b Sara va rester à l'école...

☐ quelques semaines.
☐ quelques mois.
☐ quelques années.

c Pourquoi est-ce que c'est difficile pour Sara à l'école ? (Donne 3 raisons.)

....

....

....

d Louisa a appris une chanson en anglais. Thomas ne veut pas l'écouter parce qu'il va...

COMPRÉHENSION DES ÉCRITS - 25 POINTS

1  Lis cet article du petit journal de l'école Agnès Varda et réponds aux questions.

Le Petit Journal de l'école Agnès Varda

LA VISITE DES CORRESPONDANTS ESPAGNOLS

La semaine dernière, nous avons accueilli nos correspondants espagnols. Ils sont arrivés en bus lundi après-midi et sont repartis vendredi matin. Chaque matin ils sont venus à l'école avec nous et chaque après-midi nous avons fait des activités sportives ou des excursions pour leur faire connaître la région.
Mardi, nous avons fait un jeu de piste pour découvrir le centre-ville.
Mercredi nous avons visité le château de Montfort et avons fait une balade à vélo dans le parc du château. Mercredi, comme il a plu, nous avons fait un tournoi de volley-ball dans la salle de sport de l'école. Enfin jeudi, nous avons organisé un grand pique-nique au bord de la rivière et avons mangé des spécialités françaises et espagnoles.
Chaque correspondant a dormi, dîné et pris son petit-déjeuner dans la famille d'un enfant de la classe. Ils apprennent tous le français depuis trois ans et parlent déjà très bien.
Dans notre classe, nous apprenons l'espagnol depuis seulement un an, mais nous pouvons déjà aussi un peu parler et chanter en espagnol. C'était super de se rencontrer et de parler nos deux langues !
L'année prochaine c'est notre classe qui ira en Espagne pour retrouver les correspondants espagnols !

La classe de CM1

a) La classe de CM1 a eu la visite...

☐ d'une classe d'élèves espagnols.   ☐ d'un groupe de professeurs d'espagnol.
☐ d'une équipe de jeunes sportifs espagnols.

b) Les correspondants ont dormi...

☐   ☐   ☐

c) Écris V (vrai) ou F (faux).

1. La visite des correspondants à l'école a duré 5 jours.   ☐
2. Ils sont venus à l'école chaque matin.   ☐
3. Ils ont fait des excursions chaque jour.   ☐
4. Ils apprennent le français depuis trois ans.   ☐
5. Ils reviendront en France l'année prochaine.   ☐

JE M'ENTRAÎNE AU DELF PRIM A2

2  Juliette a posté un message sur le blog de Félix. Lis le message, puis réponds aux questions.

Mes amis

Je m'ennuie pendant les vacances...

Ça y est, l'école est finie ! On est en vacances depuis une semaine.

Chaque année j'attends les grandes vacances avec impatience. Et ce matin il pleut et je ne sais pas quoi faire ! C'est chaque fois la même chose, pendant les vacances je ne trouve jamais d'idées pour m'amuser.

Le problème, c'est que mes copines sont parties en vacances chez leurs grands-parents ! Alors, je suis toute seule...

Mamie a téléphoné et elle a eu une super idée : on va aller à la piscine ! Ce sera la sortie de l'après-midi.

Après la piscine, on va aller faire les courses et ensuite je ferai un gâteau. J'ai une super recette de gâteau au chocolat, je suis sûre que tout le monde va adorer. Et demain, s'il pleut encore, je ferai des crêpes.

Bon, finalement, j'ai trouvé des activités pour ne pas m'ennuyer aujourd'hui et demain.

Et vous, qu'est-ce que vous faites comme activités pendant les vacances ?

Juliette

a Juliette écrit son message...

☐ en avril.   ☐ en juillet.   ☐ en novembre.

Justifie ta réponse avec deux phrases du texte.

....

b Juliette passe ses vacances avec ses copines.   ☐ vrai   ☐ faux

Justifie ta réponse avec deux phrases du texte.

....

c Pourquoi est-ce que Juliette s'ennuie ? (Donne 2 raisons.)

....

....

d Numérote dans l'ordre les activités de Juliette.

n°...   n°...   n°...   n°...

PRODUCTION ÉCRITE - 25 POINTS

1  **Tu réponds au message de Juliette** (page 65).

- Tu te présentes.
- Tu expliques ce que tu fais comme activités pendant tes vacances.
- Tu donnes des conseils pour ne pas s'ennuyer à la maison pendant les vacances.

2 **Un ami t'invite à ce spectacle de cirque, mais tu ne peux pas y aller.**

- Tu écris un message pour dire merci.
- Tu expliques pourquoi tu ne peux pas aller au cirque.

Les ballons de Gédéon

Spectacle de clown (jeune public à partir de 6 ans)

Théâtre de la Lune
24 rue du Pont
03 81 63 21 09

Du 18 au 22 avril à 15h

JE M'ENTRAÎNE AU DELF PRIM A2

3 C'est l'hiver. Tu es allé(e) en vacances à la montagne la semaine dernière. Tu écris à un ami français pour lui raconter tes vacances.

- Tu racontes ce que tu as fait.
- Tu dis ce que tu as aimé.
- Tu dis ce que tu n'as pas aimé.

Écris environ 8 lignes. Tu peux t'aider des dessins.

PRODUCTION ORALE - 25 POINTS

1  **Jeu de rôle !**

a **Joue une des situations suivantes avec ton voisin ou ta voisine.**

1
Personnage 1 : Tu fais un voyage à Paris avec ton école. Tes camarades ne parlent pas français. Tu demandes au bureau d'informations pour les touristes quelles activités et quelles visites vous pouvez faire.
Personnage 2 : Tu travailles au bureau d'informations de la ville de Paris et tu réponds aux questions des touristes.

2
Personnage 1 : Tu fais un voyage avec tes parents au Québec en février pendant les vacances d'hiver. Tes parents ne parlent pas français (et ne parlent pas anglais). Tu demandes au bureau d'informations pour les touristes quelles activités vous pouvez faire.
Personnage 2 : Tu es au bureau d'informations de la ville de Québec et tu réponds aux questions des touristes.

3
Personnage 1 : Tu es en voyage en France avec ta classe. Tu fais une enquête sur les habitudes alimentaires et les repas des jeunes Français (heures des différents repas, où est-ce qu'ils prennent leurs repas, ce qu'ils mangent à chaque repas, etc.).
Personnage 2 : Tu es un(e) jeune Français(e). Tu réponds aux questions d'un enfant qui veut connaître tes habitudes alimentaires.

4
Personnage 1 : Tu es en vacances en France et tu veux acheter des baskets dans un magasin de chaussures.
Personnage 2 : Tu es vendeur ou vendeuse dans un magasin de chaussures.

b **Joue une des situations avec ton professeur.**

2  **Parle de toi !**

a **Parle avec ton voisin ou ta voisine.**

1. Tu as combien de frères et sœurs ? Ils sont plus âgés ou plus jeunes que toi ? Ils sont dans quelle classe ?
2. Tu habites où ? Quelle est ton adresse ?
3. À la maison tu parles quelle(s) langues(s) avec tes parents ? Avec tes frères et sœurs ? Avec tes grands-parents ?
4. Quelle(s) langue(s) est-ce que tu apprends à l'école ? Est-ce que tu aimerais apprendre d'autres langues ? Pourquoi ?

b **Parle avec ton professeur et avec ta classe.**

JE M'ENTRAÎNE AU DELF PRIM A2

3  Choisis un des sujets suivants et dis ce que tu en penses.

a Parle avec ton voisin ou ta voisine.

1 Beaucoup de grands animaux d'Afrique (éléphants, girafes, rhinocéros...) vivent dans des zoos. Qu'en penses-tu ?

2 Beaucoup d'enfants passent plus de 3 heures par jour sur les écrans : Internet, jeux vidéo, télévision. Qu'en penses-tu ?

3 Les rivières, les mers et les océans sont très pollués. C'est très triste pour la planète, mais on ne peut rien y faire. Qu'en penses-tu ?

4 Les enfants ne travaillent pas assez chaque jour à l'école. Pour augmenter leur temps de travail, il faudrait supprimer les récréations. Qu'en penses-tu ?

5 Chaque année, beaucoup de gens abandonnent leurs animaux domestiques au bord des routes quand ils partent en vacances. Qu'en penses-tu ?

b Parle avec ton professeur et avec ta classe.

MON PETIT DICTIONNAIRE

UNITÉ 0

l'aventure En route pour l'aventure !	le désert	le prince la princesse
le bateau de pirates	la girafe	la Tour Eiffel
le château	l'hélicoptère en hélicoptère	le zèbre
le chameau	le pays la région	
le chien de traîneau	le pirate	rencontrer des amis Nous allons rencontrer de nouveaux amis.

UNITÉ 1

l'aquarium	le corsaire Surcouf est un célèbre corsaire.	la jambe de bois Jack le cruel a une jambe de bois.
la barbe	la course de planches à voile	le jambon
les bijoux Marine la pirate porte des bijoux.	la crêperie	le perroquet
la boucle d'oreille C'est un bijou pour les oreilles.	l'ennemi Les corsaires attaquent les bateaux des ennemis.	le port
la clé pour ouvrir la porte	la guerre Les soldats font la guerre.	le trésor Les pirates cachent leur trésor sur une île déserte.
le concours de châteaux de sable	l'île déserte	

Le bateau de pirates :
la cabine du capitaine
le dortoir
le pont
le hamac
le drapeau des pirates (avec une tête de mort)
la réserve de nourriture

Les qualités et les défauts :
courageux/se - cruel/le - fidèle/ - gentil/le - méchant/e - paresseux/se - peureux/se

Les métiers :
le chanteur – la chanteuse   le journaliste – la journaliste   le pharmacien – la pharmacienne
le cuisinier – la cuisinière   le médecin   le professeur
le footballeur – la footballeuse   le pompier   le vétérinaire – la vétérinaire

MON PETIT DICTIONNAIRE

UNITÉ 2

Le château :

l' architecte
Il fait les plans du château.

la cheminée

la construction du château
Le roi fait construire le château en 1519.

l' escalier

l' étage
L'escalier conduit aux étages.

la fenêtre

l' ouvrier
Il travaille à la construction du château.

la pièce
Dans le château de Chambord, il y a 426 pièces.

le toit

la tour

la vue
Depuis les terrasses, on a une belle vue sur le parc.

Commander au restaurant :

une entrée : **une** quiche lorraine, **une** salade niçoise, **une** soupe de poisson
un plat : **du** poulet frites, **un** steack aux petits pois, **des** spaghettis aux fruits de mer
un dessert : **de la** tarte aux cerises, **du** gâteau aux noix, **une** glace
une boisson : **l'** eau, **le** jus de fruit, **le** soda
un serveur – **une** serveuse
un client – **une** cliente

À table :

l' assiette

le couteau

la cuillère

le dîner
le repas du soir

la fourchette

la nappe
le plat

la serviette
s'essuyer les mains
À table, on s'essuie les mains avec une serviette.

le verre
mettre **le** couvert

dormir On dort dans un lit.	**la** mort 1547, c'est l'année de la mort de François 1er.	rêver de Lila a rêvé du roi.
le bisou un bisou sur la joue	**la** naissance 1494, c'est l'année de la naissance de François 1er.	**le** roi **la** reine

UNITÉ 3

Les animaux

les **mammifères** : la girafe, le lion, l'ours, le panda, la panthère, le tigre, le zèbre…

les **reptiles** : le crocodile, le serpent, la tortue…

les **oiseaux** : l'ara, le pélican…

les **insectes** : l'abeille…

l'**animal domestique** : le chat, le chien, le hamster…
La moitié des familles françaises possède un animal domestique.

Décrire ou caractériser un animal

le régime alimentaire

les **animaux carnivores** : Ils mangent de la viande, des poissons, des insectes…

les **animaux végétariens** : Ils mangent de l'herbe, des feuilles de bambou, des fruits…

le lieu de vie

la **banquise** : L'ours blanc vit sur la banquise.

les **champs** : Les abeilles vivent dans les jardins et dans les champs.

la **savane** : La girafe vit dans la savane en Afrique.

La description physique

les **ailes** : Les oiseaux ont des ailes.

la **carapace** : La tortue a une carapace.

le **cou** : La girafe a un long cou.

la **fourrure** : Le tigre a une fourrure rayée.

la **plume** : Les aras ont des plumes magnifiques.

mesurer : La girafe mesure entre 3,5 et 5 mètres.

peser : Le tigre pèse entre 100 et 300 kilos.

Protéger la nature et les animaux

les **animaux menacés de disparition** : L'ours blanc est un animal menacé de disparition.

la **banquise** : Le climat se réchauffe et la banquise fond.

le **braconnier**

la **chasse / chasser** : Les braconniers chassent les éléphants.

les **défenses** : Les éléphants d'Afrique ont des défenses.

l'**espèce protégée** : Il est interdit de chasser les éléphants. C'est une espèce protégée.

l'**ivoire** : Les défenses des éléphants sont en ivoire.

le **pesticide** : Les pesticides sont dangereux pour les abeilles.

la **pollution** : Stop à la pollution des océans !

la **poubelle** : Jetez vos déchets dans la poubelle !

le **sac en plastique** : Il y a trop de sacs en plastique dans les océans !

disparaître   Les abeilles sont en danger.
être en danger Elles disparaissent, meurent parce
mourir :   qu'on utilise trop de pesticides.

protéger : Protégez la planète !

Au parc zoologique

cueillir des fleurs
crier
donner de la nourriture aux oiseaux
entrer dans les enclos
faire pipi
promener les chiens en laisse

MON PETIT DICTIONNAIRE

UNITÉ 4

Destination : Québec

le **caribou**

le **carnet de voyages** : Lila a fait un carnet de voyages pendant son voyage au Québec.

la **langue** : Au Québec, on parle français.

la **monnaie** : Au Canada, la monnaie est le dollar canadien.

l'hiver au Québec

le **bain de neige** :
Ces personnes prennent un bain de neige.

la **boule de neige** :
Elle lance une boule de neige.

les **chiens de traîneau**
la **course de chiens de traîneau**
conduire des chiens de traîneau :
Félix conduit des chiens de traîneau.

le **hockey sur glace** :
Lila fait du hockey sur glace.
Lila joue au hockey sur glace.

la **glissade** :
Les enfants font des glissades dans la neige.

Ça glisse !
Bouba a glissé sur la neige.

la **luge**
Pic Pic et Tilou font de la luge.

la **sculpture sur glace** :
Lila fait un concours de sculpture sur glace.

pleurer : Un enfant pleure sur la patinoire parce qu'il est tombé.

Tu sais parler quelles langues ?
Je sais parler anglais, arabe, chinois, espagnol, français, japonais, russe…

francophone : Une personne qui parle français.

la **langue « officielle »** : Au Togo, le français est la langue officielle, mais les gens parlent aussi des langues africaines.

polyglotte : Il parle beaucoup de langues, il est polyglotte.

l'**anorak**

les **baskets**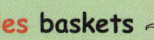

le **kiosque**

le **yacht**

---

sortir de la maison :
Lila et Bouba sont sorties de la maison très tôt.

descendre du bus :
Le chauffeur est descendu du bus.

courir :
Lila et Bouba ont couru jusqu'à l'arrêt de bus.

tomber :
Bouba a glissé et elle est tombée.

partir à
Lila et Bouba sont parties à la patinoire.

rentrer à :
Mattéo est rentré à la maison avec sa maman.

arriver :
Le bus est arrivé.
Qu'est-ce qui est arrivé ? Tu es tombé ?

UNITÉ 5

L'arrivée à Marrakech

l'arrivée à l'hôtel

les boutiques de la médina

les charmeurs de serpents

les épices :
Dans la cuisine marocaine, on utilise beaucoup d'épices.

le marchand de pastèques

la préparation du voyage :
Bouba et ses amis préparent leur voyage au Maroc.

le serpent :
Tilou a peur des serpents.

la traversée de la ville en taxi

Chez le marchand de babouches

la babouche

coûter
- Les babouches coûtent combien ?
- Elles coûtent 100 dirhams.

le dirham : la monnaie marocaine

essayer des babouches :
- Tu veux essayer des babouches ?

faire un bon prix
Le marchand de babouches fait un bon prix à Bouba.

la pointure
– Tu fais quelle pointure ?
– Je fais du 34 !

réfléchir
– C'est un peu cher… Je vais réfléchir
Avant de donner une réponse, je réfléchis dans ma tête.

Dans le désert

le chameau
le dromadaire
Le chameau a deux bosses ;
le dromadaire a une seule bosse.

la dune

la gourde
Félix et Lila boivent de l'eau dans une gourde.

les nomades
Les nomades vivent dans le désert, sous des tentes.

l'oasis

le palmier
Dans une oasis, il y a des palmiers.

le troupeau
Les nomades élèvent des troupeaux de moutons et de chèvres.

La petite école du désert

l'année scolaire
Dans la petite école du désert, l'année scolaire dure 9 mois, de septembre à mai.

les correspondants
Les enfants de la petite école ont une classe de correspondants en France.

le droit des enfants
Aller à l'école est un droit pour tous les enfants.
Tous les enfants ont le droit d'apprendre à lire.

l'instituteur
Il travaille à l'école avec les enfants.
C'est un professeur.

le paquet
Félix et Lila apportent un paquet des correspondants français.

la surprise
Félix et Lila ont une surprise pour les enfants de la petite école : un paquet de leurs correspondants !

MON PETIT DICTIONNAIRE

UNITÉ 6

Pour décrire quelqu'un ou quelque chose

égal / égaux
20 + 4 égal 24 (20 + 4 = 24)
Les enfants sont tous égaux : ils ont tous les mêmes droits.

le jumeau / la jumelle
se ressembler ;
Antoine et Valentin sont jumeaux, ils se ressemblent beaucoup.

ressembler à :
Valentin ressemble à son frère Antoine.

mince
rond/e
Antoine est plus mince que Valentin ;
Valentin est plus rond qu'Antoine.

pareil/le
Être pareil, c'est être identique, se ressembler beaucoup, ne pas être différent.

Paris en hélicoptère

l'Arc de Triomphe

l'avenue des Champs-Élysées

le bateau-mouche
Les touristes visitent Paris sur des bateaux-mouches.

la cathédrale Notre-Dame

le Jardin des Tuileries

le musée du Louvre

la Seine
C'est le fleuve qui traverse Paris.

le monument
La Tour Eiffel et la cathédrale Notre-Dame sont des monuments parisiens.

célèbre
La Tour Eiffel est un monument célèbre dans le monde entier.

long / longue
La Loire est le plus long fleuve français.

vieux / vieille
Le Pont Neuf est le plus vieux pont de Paris.

visité
Le musée du Louvre est le musée le plus visité au monde.

Vive la diversité !

la discrimination
discriminer
Faire une différence entre des personnes ou des choses.

la diversité
l'existence de différentes cultures

le racisme
Quand on n'accepte pas les personnes d'une autre couleur de peau ou d'une autre culture.

MON PETIT MEMENTO DE CONJUGAISON

JE SAIS CONJUGUER AU PRÉSENT
- pour parler de ce que je fais ou de ce que quelqu'un fait, maintenant ou habituellement
- pour décrire comment est quelqu'un ou quelque chose, maintenant ou habituellement
- parfois, pour raconter une histoire

Parler
Je parle
Tu parles
Il/Elle/On parle
Nous parlons
Vous parlez
Ils/Elles parlent

Acheter
J'achète
Tu achètes
Il/Elle/On achète
Nous achetons
Vous achetez
Ils/Elles achètent

Être
Je suis
Tu es
Il/Elle/On est
Nous sommes
Vous êtes
Ils/Elles sont

Avoir
J'ai
Tu as
Il/Elle/On a
Nous avons
Vous avez
Ils/Elles ont

Finir
Je finis
Tu finis
Il/Elle/On finit
Nous finissons
Vous finissez
Ils/Elles finissent

Partir
Je pars
Tu pars
Il/Elle/On part
Nous partons
Vous partez
Ils/Elles partent

Prendre
Je prends
Tu prends
Il/Elle/On prend
Nous prenons
Vous prenez
Ils/Elles prennent

Vivre
Je vis
Tu vis
Il/Elle/On vit
Nous vivons
Vous vivez
Ils/Elles vivent

Aller
Je vais
Tu vas
Il/Elle/On va
Nous allons
Vous allez
Ils/Elles vont

Faire
Je fais
Tu fais
Il/Elle/On fait
Nous faisons
Vous faites
Ils/Elles font

Vouloir
Je veux
Tu veux
Il/Elle/On veut
Nous voulons
Vous voulez
Ils/Elles veulent

Pouvoir
Je peux
Tu peux
Il/Elle/On peut
Nous pouvons
Vous pouvez
Ils/Elles peuvent

MON PETIT MEMENTO DE CONJUGAISON

JE SAIS CONJUGUER AU FUTUR PROCHE

- pour parler de ce que je vais bientôt faire ou de ce que quelqu'un va bientôt faire, dans un avenir (futur) proche

> J'utilise **aller** au **présent + un verbe à l'infinitif**
>
> Demain, je **vais aller** à la piscine.
> Ce soir, tu **vas faire** tes devoirs.
> La semaine prochaine, il **va partir** en vacances.
> L'année prochaine, nous **allons apprendre** l'espagnol.
> Jeudi, vous **allez jouer** au foot après l'école.
> Le week-end prochain, elles **vont visiter** l'aquarium.

JE SAIS CONJUGUER AU FUTUR SIMPLE

- pour parler de ce que je ferai ou de ce que quelqu'un fera dans le futur
- pour décrire un objet ou une situation future

Parler	Être	Avoir	Faire
Je parlerai	Je serai	J'aurai	Je ferai
Tu parleras	Tu seras	Tu auras	Tu feras
Il/Elle/On parlera	Il/Elle/On sera	Il/Elle/On aura	Il/Elle/On fera
Nous parlerons	Nous serons	Nous aurons	Nous ferons
Vous parlerez	Vous serez	Vous aurez	Vous ferez
Ils/Elles parleront	Ils/Elles seront	Ils/Elles auront	Ils/Elles feront

JE SAIS CONJUGUER À L'IMPÉRATIF

• pour donner des instructions, des conseils ou pour interdire quelque chose

Parler	Mettre
Parl**e** moins fort ! / **Ne** parl**e** **pas** fort !	**Mets** tes papiers à la poubelle !
Parl**ez** moins fort ! / **Ne** parl**ez** **pas** fort !	Mett**ez** vos papiers à la poubelle !

JE SAIS CONJUGUER AU PASSÉ COMPOSÉ

• pour raconter ce que j'ai fait ou ce que quelqu'un a fait dans le passé : il y a une heure, une semaine ou 3 ans…

Je peux utiliser :
avoir au présent + participe passé

J'**ai** parlé	manger	→ j'**ai** mangé
Tu **as** parlé	jouer	→ j'**ai** joué
Il/elle/on **a** parlé	dormir	→ j'**ai** dormi
Nous **avons** parlé	finir	→ j'**ai** fini
Vous **avez** parlé	comprendre	→ j'**ai** compris
Ils/elles **ont** parlé	voir	→ j'**ai** vu
	courir	→ j'**ai** couru
	faire	→ j'**ai** fait
	mettre	→ j'**ai** mis

Je peux utiliser avec certains verbes :
être au présent + participe passé

Je **suis** tombé(**e**)	aller	→ je **suis** allé(**e**)
Tu **es** tombé(**e**)	arriver	→ je **suis** arrivé(**e**)
Il/elle/on **est** tombé(**e**)	entrer	→ je **suis** entré(**e**)
Nous **sommes** tombé(**e**)s	partir	→ je **suis** parti(**e**)
Vous **êtes** tombé(**e**)s	rentrer	→ je **suis** rentré(**e**)
Ils/elles **sont** tombé(**e**)s	sortir	→ je **suis** sorti(**e**)

CRÉDITS PHOTOGRAPHIQUES

3 ht m : Fotolia/apops ; 3 m g : Fotolia/Peter Atkins ; 3 m d : Fotolia/auremar ; 3 b d : Fotolia/jogyx ; 5 bas : Fotolia/Gelpi ; 10 ht g : Fotolia/mangostock ; 10 ht m g : Fotolia/Paty Wingrove ; 10 m g : Fotolia/JPC-PROD ; 10 m g bas : Fotolia/PictureArt ; 10 ht m : Fotolia/Valua Vitaly ; 10 ht m m : Fotolia/SerrNovick ; 10 m m : Fotolia/Jürgen Fälchle ; 10 m m bas : Fotolia/Darren Baker ; 10 ht d : Fotolia/Alexander Raths ; 10 ht m d : Fotolia/George Wada ; 10 m d : Fotolia/contrastwerkstatt ; 10 m bas d : Fotolia/Karramba Production ; 10 bas ht g : Shutterstock/Atlaspix ; 10 bas m : Fotolia/Cla 78 ; 10 bas ht d : Fotolia/luluBerlu ; 10 bas bas g : Fotolia/Maksym Yemelyanov ; 10 bas bas m : Fotolia/Seth ; 10 bas bas d : Fotolia/Spargel ; 11 bas g : Fotolia/Claudia Paulussen ; 11 bas m : Fotolia/jogyx ; 11 bas d : Fotolia/Creativa ; 12 : "Un pirate à l'école", auteur Christine Palluy, illustrateur Yves Calarnou © Bayard jeunesse, 2009 ; 15 : BIS/Photo Hubert Josse ©Archives Larbor ; 16 ht g g Fotolia/guy ; 16 ht g bas g : Fotolia/Subbotina Anna ; 16 ht g d : Fotolia/Africa Studio ; 16 ht d g : Fotolia/Svenja98 ; 16 ht d d : Fotolia/PeJo ; 16 ht d g bas : Fotolia/Richard Villalon ; 16 m g g : Fotolia/Jacek Chabraszewski ; 16 m g bas : Fotolia/guy ; 16 m g d : Fotolia/Stefano Pareschi ; 16 m d g Fotolia/guy ; 16 m d d : Fotolia/Bikeworldtravel ; 16 m d bas g : Fotolia/taiftin ; 21 : Shutterstock/Julia Remezova et Shutterstock/Andrey Povov ; 22 ht g : Fotolia/ecco ; 22 ht m : Fotolia/Alexandra Giese ; 22 ht d : Fotolia/artush ; 22 m g : Fotolia/Jean-Jacques Cordier ; 22 m m : Fotolia/PhotoSG ; 22 m d : Fotolia/Tatiana Belova ; 25 : Fotolia/Jurgen Fälchle ; 31 ht g : Kzenon/Adobe stock ; 31 ht m : foxytoul/Adobe stock ; 31 ht d : Olesia Bilkei/Adobe stock ; 33 ht d : artinspiring/Adobe stock ; ht m : abdulsatarid/Adobe stock ; 33 ht d : topvectors/Adobe stock ; 33 ht m d : schlaumal/Adobe stock ; 33 ht m m : Golden Sikorka/Adobe stock ; 33 ht m d : Laz'e-Pete/Adobe stock ; 33 ht bas d : newb1/Adobe stock ; 33 ht bas m : Wichittra Srisunon/Adobe stock ; 33 ht bas d : MicroOne/Adobe stock ; 33 m d : Myst /Adobe stock ; 33 m m : kaliantye/Adobe stock ; 33 m d : WavebreakMediaMicro /Adobe stock ; 37 ht g : WavebreakMediaMicro/Adobe stock ; 37 ht d : Jearu/Adobe stock ; 37 m g : Dasha Petrenko/Adobe stock ; 37 m d : Michael Rosskothen/Adobe stock ; 40 ht g : Fotolia/Samuel Borges ; 40 ht d : Fotolia/Gelpi ; 40 : with permission from MapsofWorld.com ; 45 g : Fotolia/Fyle ; 45 m g : Fotolia/choucashoot ; 45 m d : Fotolia/Happytof62730 ; 45 m d : Fotolia/benuch ; 48 ht g : Fotolia/D&M ; 48 ht m : Fotolia/forcdan ; 48 ht d : Fotolia/Rechitan Sorin ; 48 m g : Fotolia/Anna Omelchenko ; 48 m m : Fotolia/Maksim Shebeko ; 48 m d : Fotolia/Fun Altitude ; 48 bas g : Fotolia/Yvann K ; 48 bas m : Fotolia/ChantalS ; 48 bas d : Fotolia/EpicStockMedia ; 51 : Fotolia/Christian Schwier ; 53 : Fotolia/Gelpi ; 54 g : Fotolia/jogyx ; 54 d : Fotolia/Sergiy Bykhunenko ; 56 ht : Fotolia/jovannig ; 56 m ht : Fotolia/pixarno ; 56 m m : Fotolia/MasterLu ; 56 m bas : Shutterstock/aldorado ; 56 bas m : Fotolia/Chris 32m ; 56 bas bas : Fotolia/Claude Coquilleau ; 57 ht g : Fotolia/EcoView ; 57 ht d : Fotolia/vilainecrevette ; 57 m g : Fotolia/stuporter ; 57 m d : Fotolia/Fyle ; 57 bas g : Fotolia/Konstantin Kulikov ; 58 g : Fotolia/SerrNovik ; 58 d : Fotolia/Cyril Comtat ; 64 ht : rock_the_stock/Adobe stock ; 64 m : Syda Productions/Adobe stock ; 66 : Fotolia/Elnur ; 69 ht : Xiongmao/Adobe stock ; 69 ht m : pololia/Adobe stock ; 69 m m : Baronb/Adobe stock ; 69 bas m : Sergey Novikov/Adobe stock ; 69 bas : fotorince/Adobe stock

Nos remerciements à Marie-Pierre Baylocq-Sassoubre
pour sa participation à quelques activités de ce cahier.

Directrice éditoriale : Béatrice Rego
Édition : Brigitte Faucard
Marketing : Thierry Lucas
Couverture : Miz'enpage, Dagmar Stahringer
Création maquette : Dagmar Stahringer
Mise en pages : Christine Paquereau
Illustrations : Paul Beaupère, Oscar Fernandez
Iconographie : Juliette Barjon, Christine Morel

© CLE International, 2019
ISBN : 978-209-038434-5

N° de projet : 10299585 - Dépôt légal : juin 2019
Imprimé en France en mars 2024 par Estimprim - 25110 Autechaux